如 是 我 聞

이와 같이 나는 들었노라

마이다 슈이치 지음 / 李아무개 목사 옮김

새로운눈

이와 같이 나는 들었노라
2005년 6월 25일 개정판 1쇄 발행

펴낸곳 새로운눈®^^ . 새로운눈은 당그래출판사의 자(子)회사입니다.

지은이   마이다 슈이치
옮긴이   이아무개
펴낸이   이 춘 호

등   록   2002. 4. 19. 제1-3031호
주   소   110-071 서울시 종로구 당주동 32번지 황금빌딩 1층
전   화   (02) 722-6603
팩   스   (02) 722-6604
E-MAIL   dangre@dangre.co.kr

표 지 디자인 이앤씨
제   판   위너스출력센타
인   쇄   예림인쇄
제   본   우성제책

 이아무개. 2002

ISBN 89-952999-7-5 *03810

값 9,000원

如・是・我・聞

이아무개
1944년 충주에서 태어나 감리교신학대학을 졸업했다. 본명은 이현주, 觀玉이라고도 부른다. 목사, 동화작가, 번역 문학가이기도 한 글쓴이는 동서양을 아우르는 글을 집필하는 한편 대학과 교회 등에서 강의도 하고 있다. 저서로는 ≪사람의 길 예수의 길≫, ≪한 송이 이름 없는 들꽃으로≫, ≪예수와 만난 사람들≫, ≪시민불복종(자유인, 헨리 데이빗 도로우의 생애)≫ ≪이와같이 나는 들었노라(如是我聞)≫, ≪이아무개 목사의 금강경 읽기≫, ≪이아무개의 마음공부≫와 옮겨 적은 '동양의 지혜' ≪물이 없으니 달도 없구나≫, ≪이름값을 하면서 살고 싶다≫(최완택 공저) 외 다수가 있다.

책머리에
― 영문(英文)으로 옮긴이의 말 ―

이 책은 현대 일본의 중요한 불교 사상가들 가운데 하나인 마이다 슈이치(1906~67)의 글을 영문으로 번역, 편집한 것이다. 그가 스승인 아케가라수 하야(1877~1954)에 관하여 쓴 글을 주로 모았다.

마이다는 열여덟 살 되었을 때 아케가라수 스님의 강연을 처음 듣고 그 인격과 가르침에 감동되어 마침내 자신의 인생을 바꾸게 된다. 그에게 아케가라수는 부처의 상(像)이었고 이상적인 인간이었다. 마이다는, 그의 말대로, "부처와 사랑에 빠졌다." 그리고 세월과 함께 그 사랑은 더욱 깊어진다.

아케가라수의 강연을 처음 들었을 때 마이다는 고향인 이시가와현(縣) 카나자와에서 과학을 전공하는 고등학교 학생이었다. 그런데 아케가라수의 영향으로 과학에 흥미를 잃고 종교와 철학에 관한 서적을 읽기 시작했다. 그는 교토 대학에 들어가 니시다 키타로오(1870~1945)에게 서양 철학을 공부한다. 니시다 박사는 당대 일본에서 가장 존경받는 철학자들 가운데 하나였다. 그러나 마이다는 학술적(academic) 학문에 흥미를 잃고 종교적 구도자(求道者)의 길을 걷고자 대학을 떠나고 싶어 했다. 그의 부모가 이에 강하게 반대했고 공부를 계속하라고 권했다. 마이다는 타협하는 심정으로 대학 3학년 때 혼슈우섬[島] 남쪽 해변 마을 시오노 미사키에서 수영, 독서, 명상으로 7개월을 보낸다.

1929년 스물 세 살 되었을 때 대학을 졸업했다. 이듬해, 어렸을 때 다친 무릎 뼈 부상으로 두 달 만에 군복무를 마치고 제대하면서 곧 카나자와 다이산 중학교 선생이 된다. 중학교 교사 7년을 하고 나서 나이 서른하나에 나가노현(縣) 사범대학 교수가 된다. 거기서 5년간 가르쳤는데 그 동안에 많은 불교 경전과 불교 사상가들을 공부하여 불교에 상당한 견해를 가지게 되었다.

1942년, 제2차 세계대전 중 마이다는 나가노에서 고향으로 돌아와 이시카와 여자 사범대학 교수가 된다. 같은 해에 사범대학 교장 시미즈 교오쇼오와 함께 이시카와현 키타 야수다에 있는 아케가라수 스님의 절[寺]을 찾는다. 처음 그를 만난 지 19년 만에 다시 만난 것이었다. 그때 마이다는 자기 생(生)의 가장 중요한 목적이 아케가라수한테 배우는 것임을 깨닫는다. 그는 아케가라수의 법회(法會)에 출석하기 시작했다.

제2차 세계대전이 끝나자 마이다는 인생의 행로를 바꾸겠다는 강렬한 충동을 느낀다. 그리하여, 나가노에 있는 옛 제자들에게 편지를 보내어 나가노에 가서 아무것도 하지 않고 그들과 함께 아케가라수의 가르침을 받고 싶다는 간절한 심정을 전한다. 이에 나가노의 몇 제자가 열렬히 동조해왔다.

1946년 1월 6일, 직장과 가족을 고향 마을에 두고 나가노로 돌아가리라는 결심을 굳힌 마이다는 아케가라수를 찾아가서 자기 뜻을 말한다. 스승은 그대로 하라고 힘껏 격려한다. 바로 그 다음날, 마이다는 모든 것을 뒤에 두고 나가노로 떠난다.

그로부터 1967년 2월 27일 타계(他界)하는 날까지 21년간 나가노에 살면서 마이다는 학생들과 불교를 공부한다. 그 21년 동안에 마이다가 보여준 것만큼 열성적이고 활발하게 불교를 공부한 사람은 아마도 없을 것이다. 아케가라수에게 배우고 그 가르침을 다른 사람과 나누는 것이 그의 인생(人生)의 모든 것이었다. 매년 아케가라수를 나가노에 모셔다가 강의를 들었다. 그리고 아케가라수가 자기 절[寺]에서 여는 법회에 정기적으로 출석했다.

1947년에서 51년까지 마이다는 자신의 월간지인「진리」에 많은 글을 발표한다. 1952년에는 스승인 아케가라수의 개인잡지 편집장이 된다. 그는 스승이 타계한 1954년까지 아케가라수의 글을 편집하는 일을 맡는다.

스승이 타계하자 아케가라수의 몇 제자들이 마이다에게 자기들의 선생이 되어줄 것을 요청했다. 그러나 마이다는 그럴 수 없다고 생각하여 잡지 편집장 자리를 물러나고 이듬해 자신의 개인잡지「히말라야산」을 창간한다.「히말라야산」은 1967년 그가 죽을 때까지 계속 간행되어 통권 148호를 냈다.

마이다는 타계하기 전 해인 1966년에 세 가지 일을 한다. 첫째는 신란(親鸞)의 「교행신증(敎行信證)」 반도오본(本) 개정판을 간행하였고, 둘째 니시다 키타로오, 스즈키 다이세츠(1870~1966, 禪宗學者), 카네코 다이에이(1881~1976, 眞宗學者) 등의 사상을 비판하였고, 셋째 초기 불교 경전인 「숫타니파타」의 주석서 「석가모니와의 대면(對面)」을 썼다.

　「교행신증(敎行信證)」을 외국어로 번역하기 위하여 탄탄한 대본(臺本)을 마련하는 것은 그의 스승인 아케가라수가 간절히 바라던 일이기도 했다. 또, 마이다는 아케가라수가 다른 학자들과 어떻게 다른지 그 차별성을 보여주고 싶었다. 「석가모니와의 대면」을 쓴 것은 제목 그대로 석가모니를 만나고 싶은 간절한 마음의 표현이었다. 마이다에게는 석가모니와 아케가라수가 하나였다.

　그해 말(末)에 마이다는 '아케가라수 스님과 키요자와 스님'이라는 글을 썼다. 거기서 그는 아케가라수를 만난 행복에 대하여 이렇게 말한다.

　　"나는 아케가라수 스님을 만날 수 있었다. 나에게는, 그를 떠나서 불법(佛法, Buddha-Dharma)이 따로 없다. 그가 바로 불법(佛法)이다. 그가 곧 석가모니다. 만일 이 생각이 그릇된 것이라면 나의 전 생애(全生涯)가 그릇된 것이다. 그래도 좋다. 나는 만족하면서 죽을 것이다."

　마지막 해가 된 1967년 정초에 마이다는 스승인 아케가라수의 전기(傳記)를 쓰고 싶다고 했다. 그래서 아케가라수에 관한 글을 잡지에 싣기 시작했다. 그러나 그 일은 곧 중단되고 말았다. 그해 2월, 마이다가 숨을 거두었던 것이다.

마이다는 엄청나게 많은 글을 남겼다. 그가 쓴 글을 모두 모으면 1만 페이지가 넘을 것이다. 대부분이 나가노 생활 21년 사이에 나온 것들이다. 그러나 그 모든 글이 스승인 아케가라수의 가르침을 부연 설명한 주석(註釋)이라고 해도 과언이 아니다.

이 책의 주제는 '선생과 학생의 관계'다. 내용을 간추려 본다.
1. 선생을 모시는 일의 중요성.
2. 선생은 무상(無常)의 진리를 자기 몸으로 구현(具現) 한다.
3. 선생은 참된 학생이다.
4. 선생은 목적지(goal)가 아니라 안내자다.
5. 선생은 절대부정(絶對否定)으로 가르친다.
6. 선생은 학생의 자유, 홀로서기, 창조(創造)를 실현한다.
7. 참 선생은 해방 경험 뒤에야 인식(認識)된다.

1. 선생을 모시는 일의 중요성

어떤 기술이나 학문을 배우려면 그 분야에 탁월한 선생을 모셔야 한다. 그런데 불교(佛敎)의 세계에서만큼 선생이 결정적으로 중요한 데가 없다. 마이다(Maida)는 몸소 선생을 모셔 본 경험을 통하여, 한 인간이 선생을 만나 그에게 배우는 것보다 더 중요한 일이 그의 생애에 없다는 사실을 알았다. 그는 말한다.

"한 인간의 정신계(界)에서 무엇보다도 중요한 문제는 그가 선생을 만나 느냐 만나지 못하느냐, 바로 그것이다. 그가 과연 진짜 사람을 만나느냐, 진짜 인격을 만나느냐, 그것이 요점(要點)이다."

마이다는 자기가 아케가라수(Akegarasu)를 만나지 못했더라면 불교가 무엇인지 알 수 없었을 것이라고 믿고 있다. 그에게 불교는, 몇 가지 추상적인 개념들을 배우는 데 있지 않고 살아있는 한 인간을 만나는 데서 이루어지는 것이었다.

"책을 읽고 경(經)을 읽고 주석을 읽고 법문집(法文集)을 읽고 그것들을 자신의 변덕스런 입맛에 맞추어 이러쿵저러쿵 판단하는 일은 도무지 쓸데 없는 짓이다. 우리의 모든 논지(論旨)가 한 인격에 의하여, 한 영적(靈的) 안내자에 의하여 산산조각으로 부서지지 않는 한 우리는 석가모니의 주관 적 무(無, the subjective nothingness)가 무엇을 뜻하는지 결코 이해 못 할 것이다. 우리가 머리로 궁리하여 무(無)를 이해할 수 있다고 말하는 사람이 없잖아 있다. 그러나 미안하지만 그 무(無)는 진정한 무(無)가 아니다. 영적 안내자를 만나지 않고서는 참된 무(無)의 근처에도 이를 수 없다."

특별한 선생을 모시는 것의 중요성은 일본의 양대 불교전통인 진종(Shin, 眞宗)과 선종(Zen, 禪宗)에서 강조되고 있다.

정토진종(Shin Buddhism, 淨土眞宗)의 개조(開祖)인 신란(親鸞, 1173~1262)은 그의 선배들이 저마다 그들의 존경하는 선배들한테서 가르침을 물려받았다고 믿었다. 신란 자신도 일본 정토종파의 조사(祖師)인 호오넨(法然, 1133~1212)을 선생으로 모셨다. 그는, 호오넨이 없었다면 불교를 이해할 수 없었을 것이라고 자주 말했다.

신란의 제자 유이엔보(唯圓房)는 진종불교(眞宗佛敎)의 본질을 이렇게 설명한다.

"우리가 만나 뵙게 된 선생을 의지하지 않고서 어떻게 [특히, 진종불교의] 이행(易行)의 길로 들어설 수 있겠는가?"

선종(禪宗)도 선생한테서 학생한테로 가르침이 전수(傳受)되는 것을 중요시한다. 예컨대 일본 조동선(曹洞禪)의 조사(祖師)인 도오겐(道元, 1200~53)은 송(宋)의 여정선사(如淨禪師)를 선생으로 모신 학생이었다. 도오겐은 말했다.

"그대에게 참된 선생이 없다면 불교를 배우지 않는 게 더 좋을 것이다."

아케가라수 하야(Haya Akegarasu) 스님 또한 키요자와 만시(Manshi Kiyozawa, 1863~1903, 眞宗思想家) 스님과 만난 일을 자기 생애에서 가장 중요한 사건으로 여겼다. 그는 자신의 전 생애를 키요자와 스님한테서 배우는 일에 바쳤다. 그는 선생을 모시는 것이 얼마나 중요한 일인지를 이렇게 강조하고 있다.

"여러 선생을 모시는 자들과 한 선생도 모시지 못한 자들은 아직 자신의 길을 찾지 못한 것이다.
여러 신(神)들과 부처들을 예배하는 자들과 아무 신(神)도 부처도 예배하지 않는 자들은 아직 진리의 세계를 찾지 못한 것이다.
복되도다. 오직 한 분 선생을 모신 자들, 오직 한 부처를 섬기는 자들!"

불교는 오직 선생과 학생의 관계 속에서만 존속되어 왔다고 할 수 있다. 아니면, 선생과 학생의 관계 그 자체가 곧 불교라고 말하는 것이 더 정확하겠다. 우리가 한 선생을 모시게 될 때, 우리가 그의 학생이 될 때, 그때에 비로소 불교가 우리를 위해 존재하는 것이다. 이제부터 불교에서 선생이란 어떤 존재인지를 살펴보기로 하자.

2. 선생은 무상(無常)의 진리를 자기 몸으로 구현(具現)한다.

그러면 선생은 무엇을 구현(具現, embody)하는가? 마이다에 따르면, 그는 자기 몸으로 무상(無常, impermanence)을 구현한다. 무상(無常)은 석가모니가 가르친 궁극 진리(the ultimate truth)다. 선생이 당신 몸으로 무상(無常)을 구현한다는 것이 무엇인지를 이해하기 위해서 우리는 석가모니의 생애를, 특히 그가 깨달음을 얻은 경험을 중심하여, 돌이켜 보아야 한다. 왜냐하면 그는 불교에서 선생의 참 모습을 보여준 역사적 원형(historical prototype)이기 때문이다.

전설은 석가모니가 북(北)인도 한 소왕국의 왕자로 태어났다고 말한다. 인간이 생노병사(生老病死)에서 벗어날 수 없다는 사실을 알게 된 그는 스물아홉 나이로 집을 떠나 종교적 구도자(seeker)가 된다. 그 뒤 6년 동안 전승돼 내려온 종교들의 가르침을 배우며 극심한 고행(苦行)을 실천하지만 자신이 찾고 있던 궁극적 평안을 발견할 수 없었다. 마침내 그는 깨달음을 얻기 전에는 자리에서 일어나지 않겠다는 결심으로 나무 아래 앉아 깊은 명상에 들어갔다.

무엇이 그 명상의 내용이었던가? 명상 속에서 그는 자기 존재 안에 불변(不變)하는 어떤 것이 있는지 살펴보았다. 먼저 자신의 육체를 보았는데, 몸을 구성하고 있는 모든 것들이 끊임없이 움직이고 흘러간다는 사실을 깨달았다. 다음으로 마음을 살펴보면서 그 안에서 아트만(ātman, 불변하는 自我 또는 영혼)이 발견될 수 있을 것이라고 생각했다. 그러나 필사적으로 찾아보았지만 그런 것은 발견되지 않았다. 마침내 그는 자신의 마음이 네 가지 온(蘊, 쌓임)-감각[受], 인식[想], 의지[行], 의식[識]-으로 이루어져 있는데 그것들 모두가 끊임없이 움직이고 바뀐다는 사실을 알아냈다. 그러던 어느 날 새벽 별을 보는 중에 문득 깨달음을 얻고 '깨우친 이' 곧 부처(Buddha)가 되었다.

무엇이 석가모니가 얻은 깨달음의 내용인가? 그것은 무상(無常)의 진리(the truth of impermanence)를 꿰뚫어 본 통찰(insight)이었다. 불교에서 다르마(Dharma, 法)라고 하면 그것은 곧 궁극 진리인 무상(無常)을 가리킨다. 그는 이 우주 안에 있는 모든 것들이 끊임없이 움직이고 바뀌고 흘러가기 때문에 아트만 같은 영원한 본체(entity)를 상상하는 것이 잘못임을 알아냈다. 무상(無常)의 진리는 그가 자신의 '자아(自我)'로 여기고 있던 것을 완전히 깨뜨려 버렸다. 그리고 그를 텅 비워버렸다. 그러자 무상(無常)의 진리가 그의 온몸에 배어들었고 마침내 그와 하나로 되었다.

석가모니는 그가 얻은 깨달음의 내용을 이렇게 서술한다.

"내 생애는 이미 다 끝났다. 성스런 일은 이미 완성되었다."

이 말 속에는 그의 깨달음에 내포되어 있는 두 가지—부정적이고 긍정적인—진실이 담겨 있다. 첫 문장은 무상(無常)의 진리가, 여기서는 부정적인 힘으로, 그가 소중하게 여기던 모든 것을 깨뜨려버린 사실을 암시한다. 그는 어떤 생각도, 관념도, 견해도, 자가사랑이나 자만(自滿)도 지속될 수 없음을 깨달았다. 이 깨달음에서 그는 정신적 죽음을 경험했다. 두 번째 문장은 같은 진리가, 여기서는 긍정적인 힘으로, 어떻게 그의 삶에 놀라운 현실(reality)을 가져다주었는 지를 보여주고 있다. 그는 이제 이 세상을, 끊임없이 새롭게 창조되는 세계로 본다. 그리고 거기 있는 모든 것들을, 세계를 창조하는 구성분자(分子)들로 본다. 이 깨달음에서 그는 정신적 회생(回生, rebirth)을 경험했다.

그의 선언들은 그가 참으로 겸허한 사람이 되었음을(無常이 그에게 있는 모든 것을 흩어버렸으므로) 보여주면서 참으로 활기찬 사람이 되었음을(같은 진리가 그에게 자유롭고 활기 넘치고 창조적인 삶을 열어주었으므로) 보여준다. 진리를 몸으로 구현함으로써 석가모니는 겸허하고 활기찬 삶을 살았다. 여기서 불교의 핵심은 석가모니가 '어떻게' 살았느냐에 있지 그의 생각이나 관념 등에 있지 않다는 점을 주목하는 것이 중요하다. 불교가 널리 퍼지고 많은 사람이 거기서 의지처를 찾은 것은 석가모니의 겸허하고 활기찬 정신의 질(質, spiritual qualities) 때문이었다고 봐야 한다.

마이다는 아케가라수한테서 같은 정신의 질(質)을 보았다. 그에게서 무상(無常)의 진리를 본 것이다. 열여덟 살 나이로 처음 아케가라수의 법회(法會)에 참석했다가 마이다는 그 선생에 의하여 간담이 서늘할 만큼 크게 놀랐다. 강당에 들어와 자리에 앉자마자 아케가라수는 이렇게 외쳤다. "거기 공책과 연필을 가져온 사람들, 당장 나가시오!" 그런 다음 선생은 회중(會衆)에게, 불교에서 중요한 것은 기록되거나 기억된 관념(an idea)이 아니라 '섬광(閃光)'이라고 가르쳤다. 마이다는 술회한다.

"석가모니는 이 세상에서 어떤 진리를 찾아냈던가? 그는 한 가지 진리를 찾아냈다. 그리고 그것을 '무상(無常)'이라 불렀다. 무상(無常)은 당신이 움켜잡을 수 없는 어떤 것이다. 만일 당신이 어떤 물건을 잡는다면, 그것은 더 이상 무상(無常)이 아니다. ……그러므로 세상에 고정된 무엇이 있다면 무상(無常)의 진리란 있을 수 없는 것이다. 이 진리는 오직 '섬광(閃光, flash)'으로만 묘사될 수 있다.

……나는 그[아케가라슈]에게서 진리는 섬광이라는 말을 직접 들었다. 그는 자기 앞이마를 가리키며 이렇게 말했다. 만일 그대들이 내 이야기를 듣는 중에 진리의 날카로운 섬광을 본다면 그게 바로 그것이오. 그러면 사흘 저녁 내 법회(法會)에 참석한 것이 시간 낭비는 되지 않을 것이오.' 이 말을 들을 때 나는 내가 소중히 여겨온 것들이 모조리 나한테서 떨어져 나가는 것을 느꼈다."

마이다는 아케가라수를 이해하려면 무상(無常)의 진리를 잘 파악하는 것이 요점(要點)이라고 말한다. 왜냐하면 아케가라수 자신이 바로 그 진리의 구현(具現)이기 때문이다.

"아케가라수 스님은 근엄하거나 딱딱해 보이는 설교자는 아니었지만 자신의 작고 유한(有限)한 자아(self)에게 '됐다(O.K)'고 말한 적이 없었다. 자신의 자아(自我)를 인정하기는커녕 순간마다 자신의 자아들(selves)을 차례로 부수어 나갔다. 그는 1초도 한 곳에 머물러 있지 않았다. ……그는 아무것도 소유하지 않았다. 이 세상에서 물건을 소유하기는커녕, 끊임없이 차례로 무엇인가를 소유한 자아들을 던져버렸다. …그가 살았듯이 그렇게 살아감으로써 사람은 스스로 무상(無常)의 진리로 되는 것이다. 아케가라수 스님은 석가모니가 가르친 '무상(無常)'의 구현(embodiment)이었다."

불교의 선생은 무상(無常)의 진리를 몸으로 구현(具現)하고 그것을 입증한다. 학생이 그에게서 배워야 할 유일한 것이 그 진리다. 마이다는 선생한테서 그것을 배우는 데 자신의 전생애를 바쳤다.

3. 선생은 참된 학생이다.

우리는 모든 선생의 모범인 석가모니 몸에 무상(無常)의 진리가 배어들었다고 말했다. 그 진리는 활기차게 정진(精進)하는 힘이기에, 그것이 한 인간의 몸에 배어든다는 말은 그가 활기찬 구도자(求道者)요 학생이 되는 것을 뜻한다. 그 진리가 몸에 배어든 사람이 지닐 유일한 생활양식(life-style)은 학생의 생활양식이다. 그러므로 석가모니는 깨달음을 얻은 순간에 선생보다는 학생이 되었다고 말하는 게 더 정확할 것이다.

무상(無常, impermanence)과 학생됨(studentship)은 동의어다. 전자(前者)는 진리 자체고 후자(後者)는 진리가 한 인간의 생활양식으로 바뀔 때에 갖추어지는 꼴(form)이다. 우리 몸에 무상(無常)의 진리가 배어들 때에 우리가 해방되듯이, 참된 학생으로 살아갈 때 우리는 자유롭게 된다. 불교에서 참된 학생으로 살아감은 해방을 위한 여러 조건들 가운데 하나가 아니다. 그것은 해방 바로 그것의 내용이다.

불교의 핵심이 학생정신(student spirit)에 있으므로 우리는 불교를 참 학생으로 살아간 사람들의 전통이라고 말할 수 있다. 진정한 불교인은 모두 자신을 학생으로 여겼다. 그들 가운데 누구도 선생을 자처하지 않았다. 그런 뜻에서, 불교 역사에는 선생이 존재하지 않는다.

그러나 불교에서 어떤 불교인들이 선생으로 불려진 것은 사실 아닌가? 그렇다면, 불교에서 선생이란 무엇인가? 선생으로 불린 사람은 실제로 완전한 학생(perfect student)이다. 완전한 학생정신을 구현하는 사람은, 그처럼 되고 싶어 하는 이들에게 하나의 모범(model)이 된다. 그래서 그를 닮고자 하는 자들이 그를 선생이라고 부르는 것이다. 그들에게는 모범인 그가 보통 학생 이상(以上)으로 보이기에 그래서 그를 선생으로 모신다. 그러므로 '선생'은 오직 학생의 마음에만 존재할 뿐, 모범이 된 본인의 마음에는 존재하지 않는다. 만약에 선생으로 불려지는 자가 스스로 자기를 선생이라고 여긴다면 그는 자신을 속이고 있는 것이므로 모범학생 될 자격조차 없다.

불교 역사를 관통하여 불교인들은 그들의 선생한테서 보는 완전한 학생 됨을 선망(羨望)해왔다. 그들이 배우고자 한 것은 완전한 학생이 되는 것이었다. 그러므로 '부처'와 '완전한 학생'은 동의어다. 부처로 불려진 이들 모두가 완전한 학생들—겸허하고 활기찬 구도

자들이었다.

여기서 석가모니불(佛)과 아미타불(佛)의 차이에 대하여 몇 마디 해야겠다. 석가모니는, 우리가 앞에서 보았듯이, 완전한 학생의 역사적 원형(historical prototype)이었다. 그런데 아미타는 완전한 학생의 상징적 또는 보편적(symbolic or universal)원형이다. 석가모니 타계(他界) 뒤에 고대 인도 사람들이 그렇게 생각했다. 아미타 사상의 바탕이 되는 경(經)은 무량수경(無量壽經)이다. 거기에는 법장(法藏)이란 이름을 가진 한 학생이 끝없이 길을 찾는 구도자 정신을 잘 보여주고 있다. 이윽고 자신의 불성(佛性, Buddhahood, 또는 완전한 학생됨)을 성취했을 때 그는 아미타바(Amitābha)라는 이름의 부처가 된다.

정토종(淨土宗, Pure Land Buddhism)에는 또 하나 중요한 개념이 있다. '신심'(信心, 순수한 믿음)이 그것이다. 그것은 한 학생이 아미타의 학생정신에 자신을 일치시키는 것을 가리킨다. 한 학생이 아미타의 정신을 만나 이끌림을 받고 드디어 그것과 하나로 될 때, 그는 해방(liberation)을 경험한다. 그의 마음 깊은 데서 우러나는 감사(感謝)의 표현—아미타의 이름을 음송(吟誦)함(나무아미타불)—을 일컬어 '염불(念佛)'이라고 한다.

정토종의 스승들은 신심(또는 염불)을 불교의 가장 중요한 요소로 생각했다. 왜냐하면 거기서 해방을 경험했기 때문이다. 예컨대, 호오넨(法然)은 선도(善導, 613~681, 중국 淨土宗 大成者)의 저술에서 아미타의 정신을 보고 선도(善導)의 학생이 됨으로써 아미타의 정신과 하나 되었을 때 해방을 경험했다. 호오넨의 표어는 '선도(善導)에게 오로지 의존함'이었다.

마찬가지로 신란(親鸞)은 호오넨(法然)한테서 아미타를 뵙고 그의 학생이 되었을 때 해방을 경험했다. 유이엔보(唯圓房) 같은 사람들도 신란한테서 겸허한 정신을 보고 그의 학생이 되었을 때 똑같은 경험을 했다.

몇몇 사람이 신란(親鸞)을 선생으로 불렀지만, 신란 본인은 결코 자기가 그들의 선생이라는 생각을 하거나 그들을 제자로 여기지 않았다. 그는 그들을 동행(同行)으로, 동붕(同朋)으로 불렀다. 그가 얼마나 겸허하게 자신을 다만 하나의 학생으로만 여겼는지는 그가 쓴 한 줄 문장에 잘 표현되어 있다. "나에게는 제자가 한 명도 없다."

근대 일본에서는 아케가라수가 키요자와를, 그에게서 아미타를 보았으므로, 선생으로 모셨다. 키요자와는 끊임없이 진리를 찾는 가운데 40여년 짧은 생애를 마쳤다. 그가 아케가라수에게 "죽어도 설교하지 말라!"고 했을 때, 그는 결코 선생이 되지 말 것과 한 평생 학생으로 남아 있을 것을 가르쳤던 것이다.

열여덟 살 마이다가 아케가라수에게서 본 것이 바로 이 완전한 학생정신—인간의 생활양식으로 바뀐 진리—이었다. 마이다는 선생의 겸허하고 활기찬 정신에 압도당했다. 운명적인 만남이 있은 뒤로 마이다의 인생은 그가 선생한테서 본 학생정신을 배우는 과정의 연속이었다.

4. 선생은 목적지(goal)가 아니라 안내자다.

앞에서 선생의 중요성을 강조하긴 했으나, 우리는 한편으로 선생은 안내자(guide)지 목적지(goal)가 아님을 주목해야 한다. 그는 학생으로 하여금 진리를 얻도록 또는 완전한 학생이 되도록 돕는 사람이다.

전기제품에 전기를 이어주는 전깃줄처럼 선생은 학생을 진리에 이어줄 따름이다. 전깃줄이 제가 전기를 일으킨다고 주장할 수 없듯이 선생도 자기가 진리를 발명했다고 주장할 수는 없는 것이다.

비록 석가모니를 해방자(liberator)로 잘못 인식한 사람들이 있긴 하지만, 그는 실제로 해방된 사람(liberated person)이었고 스스로 해방자를 자처하지도 않았다. 그 대신 그는 진리가 자기를 깨우쳤으며 해방시켰다는 점을 강조했다. 그래서 그는 죽는 자리에서 다음의 유명한 말을 남겼던 것이다. "사람을 의지처로 삼지 말아라. 오직, 다르마(Dharma, 法)를 의지처로 삼아라!"

마이다는 선생한테서 한 인간의 자질(資質, quality)이 아니라 진리를 보는 것이 중요함을 강조한다.

"이른바 '선생에 대한 그릇된 의존'은 선생에게서 다르마를 보지 않을 때에 발생한다. 선생한테 있는 가장 소중한 것은 다르마다. 그의 인격이나 개인의 자질 따위가 아니다. ……우리는 선생이 당신 몸으로 구현하고 있는 다르마로 곧장 나아가야 한다. 우리는 인간이 아니라 다르마를 보아야 한다.……

여기서 말하는 다르마는 우주의 위대한 생명(the great life of the universe)이다. 이것이 우리가 눈길을 모아서 보아야 할 대상이다. 이것이 우리가 의존할 대상이다. 그것은 사람이 아니다. 선생은 우리에게 '나에게 오라(Come to me)!'고 말하지 않는다. 그는 언제나 우리에게 '나를 통해서 다르마로 나아가라(Go to the Dharma through me)!'고 말한다. 우리는 이 사실을 한순간도 잊지 말아야 한다. 선생은, 그것을 통해서 다르마-우주의 생명-가 우리와 연결되는, 열려있는 통로(通路)다."

선생의 본질은 무상(無常) 또는 완전한 학생됨(studentship)이다. 진리가 선생을 해방시킨 것이고 선생은 바로 그 진리를 학생과 더불어 나누고자 하는 것이다. 그러므로 학생이 마침내 진리로 인도되어 진리와 하나 될 때 선생과 제자는 완전하게 하나가 된다. 둘이 함께 힘껏 배워나가는 것이다. 더 이상 선생과 학생의 이중(二重)관계가 그들 사이에서 지속되지 않는다. 학생이 선생에게 종속(從屬)되는 일도 더 이상 없다.

아케가라수는 더 이상 선생학생 관계는 없고 오직 진리가 있을 뿐인 마지막 경지를 아래의 짤막한 시(詩)로 그렸다.

넘겨 줄 '나의 다르마[法]'가 없네.
　'나의 학생'도 없네.
높은 하늘 반짝이는 별들이 있을 뿐.

마이다가 아케가라수에게 감사(感謝)하는 것은, 선생이 그를 무상(無常)으로, 참된 학생됨으로 이끌어 주었기 때문이다. 아케가라수는 마이다가 자기에게 종속되는 것을 허용하지 않았다. 아케가라수는 선생처럼 처신하지도 않았고 마이다를 자기 학생으로 대하지도 않았다. 선생은 오직 학생으로 살았고, 마이다에게도 학생으로 살 것을 바랐다. 그리하여 진리를 깨닫고 진리와 하나 되기를 희망했을 뿐이다.

선생의 가장 중요한 사명은 학생으로 하여금, 선생한테서조차, 참되게 홀로서기를 도와주는 것이다. 그는 학생이 저 자신으로 되는 것을 기뻐한다. 우리는 선생이 학생의 홀로서기를 실현하는 문제에 관하여 뒤에 다시 말하게 될 것이다.

5. 선생은 절대부정(絶對否定)으로 가르친다.

우리는 무상(無常)의 진리가 지닌 두 가지—부정적, 긍정적—기능에 대하여 말했다. 선생은 자신의 몸으로 진리를 구현(具現)하고 있기 때문에 그의 기능(機能) 역시 두 가지다. 부정(否定)하는 것(nagation)과 긍정(肯定)하는 것(affirmation)이 그것이다. 여기서는 우선 선생이 학생에게 행사하는 부정적 기능을 생각해보겠다. 그런 다음에 그의 적극적(또는 긍정적) 기능을 살펴 볼 것이다.

선생은 그가 지니고 있는 것에 종속하는 제자에게 '부정(否定)'하는 것(nagation)으로 선생 노릇을 한다. 그는 학생이 소중히 여기는 것을 모두 부수고 부정하고 빼앗는다. 바로 이것이 마이다가 열여덟 나이로 아케가라수를 처음 만났을 때 겪은 일이었다.

마이다는 그 때 겪은 선생의 부정(否定)을 순수종교체험이라고 부른다.

"학생과 선생의 진정한 만남은 오직 한 가지를 의미한다. 그의 인격(personality)이 선생 앞에서 산산조각 깨어지는 것이다. 한 인간의 모든 것이 한꺼번에 사라져 없어지는 것 말고 다른 무슨 순수종교체험이 있겠는가? 학자들(scholars)의 머리에서 인식되는 종교체험이란, 그것이 어떤 것이든, 아무 의미가 없다."

마이다는 호오넨(法然)과 신란(親鸞) 사이에 있었던 부정(否定)에 대하여 말한다. 만일 그것이 없었다면 신란은 신란이 되지 못했을 것이라고 주장한다.

"신란(親鸞)은 호오넨(法然) 밑에서 삼 년 동안 공부했다. 그 기간에 얼마나 지독하게, 얼마나 가차 없이 호오넨은 신란을 날마다 순간마다 부수었던가! 그것을 생각하면 몸을 떨지 않을 수 없다. 그러나 그것이 없었더라면, '홀로 선 사람' 신란은 태어나지 못했을 것이다. 신란이 호오넨을 평생 스승으로 받들어 섬긴 것은 그의 모든 것이 호오넨에 의하여 완전히 깨어졌기 때문이었다."

마이다는 키요자와에 의하여 아케가라수의 인격이 부서진 것에 대해서도 말한다.

"아케가라수 스님은 도오쿄 코오코도 의숙(義塾)에 살던 삼 년 동안 날마다 밤마다 키요자와 만시 스님의 정신적 몽둥이에 부서졌다. 단 한 번도, 키요자와 스님은 아케가라수의 생각에 동의(同意)를 표시하지 않았다."

나아가 마이다는 '죄탈(罪脫)' 아케가라수 스님과 키요자와 스님 같은 에세이에서 자신이 아케가라수한테 당한 철저한 부정(否定)을 회고한다.

마이다는 이 '부서지는 경험' 이 그의 생애에 있어 가장 중요한 것이었다고 믿는다. 그 경험은 그로 하여금 그동안 소중히 여겨온 것들의, 그것이 자만심이든 사상이든 이념이든 간에, 그 모든 것의 허무(虛無)를 깨닫게 하였다. 그것은 그로 하여금 자신의 존재 자체가 무의미한 것임을 보게 하였다. 한 마디로 그것은 그를 겸허하게 만들었다. 아울러 그를 활기 있게 만들었다. 이제 선생의 부정(否定, nagation)에 내포되어 있는 긍정적인 면(面, affirmative aspect)을 살펴보기로 하자.

6. 선생은 학생의 자유, 홀로서기, 창조(創造)를 실현한다.

선생은 학생한테서 그가 지니고 있는 모든 비본질적(非本質的) 포장을 벗겨버린다. 그러나 그의 부정(否定)은 학생 내면에 숨어 있는 깊은 실체(reality)를 동시에 표출시킨다. 마이다는 말한다.

"아케가라수 스님은 키요자와 스님과 함께 사는 동안 순진(純眞)해졌다. 본디 빛나는 아케가라수가 키요자와에 의하여 그 모습을 드러낸 것이다."

선생에 의하여 학생 자신의 '본디 빛나는' 모습이 드러날 때 그의 삶은 자유(自由), 홀로서기, 창조(創造)와 같은 긍정적 가치를 지니게 된다. 이제 그 세 가지 가치들에 대하여 생각해보자. 선생이 학생에게서 실현하는 그 가치들은 기본적으로 학생이 무상(無常)의 진리와 하나 된 데서 오는 것들이다.

(1) 자유(自由)

마이다는 인생에 있어 가장 중요한 가치를 '자유(自由, freedom)'라고 생각한다. 그는 그것을 "값이 없는 보물"이라 부른다. 불교의 모든 가르침이 그것을 얻기 위해 고안(考案)되었다.

마이다에 따르면, 자유는 자기 자신이 되는 자유를 의미한다. 선생에 의해서 자신의 모든 것이 부서질 때 학생은 스스로 만든 아상(我相)에서 해방되어 본연(本然)의 자기(what he really is)로 돌아간다. 이런 경험을 일컬어 자유 또는 자기로부터의 해방 또는 무아(無我)라고 한다. 마이다는 아케가라수의 자유로운 삶에 대하여 말하고 있다. 그의 선생에 의하여 실현된 자유였다.

"아케가라수 스님의 겉모습은 조금도 무겁거나 엄숙하거나 굳어져 있지 않았다. 그는 선생의 얼굴을 하고 있지 않았으며 다른 어떤 얼굴도 하지 않았다. 그는 우리를 진짜 [어리숙한] 보통 사람으로 만났다. 그에게서는 불교 냄새도 나지 않았고 도덕군자의 냄새도 나지 않았다. 그는 그냥 그였다. 그냥 사람이었다. 그냥 자기 자신이었다. 그것이 곧 해방이요 자유였다. 그것을 떠나 어디에서 따로 우리의 옹근 자유를 찾을 수 있겠는가?"

완전히 자유로워진 아케가라수는 자기 주변에 자유로운 분위기를 만들어내지 않을 수 없었다. 선생과 가졌던 자유로운 분위기에 대하여 마이다는 말한다.

"그가 그런 분이었기에 나는 그를 만날 때 어떤 보류도 할 필요가 없었다. 무엇이든지 말하고 싶은 대로 선생에게 말할 수 있었다. 우리 사이에는 언제나 봄기운 같은 분위기가 서려 있었다. 그 앞에서 내가 특별한 존재로 되어야 할 이유가 없었다. 나는 항상 '무(無)'인 선생을 만났다. 만일 그가 나한테서 무슨 중요한 것을 보았다면, 나한테서 무슨 중요한 것을 보는 유한(有限)한 '현존(現存)의' (existent) 선생이 있었을 것이다. 그러나 사실은 전혀 그렇지 않았다. 그래서 나는 마음 내키는 대로 자유로이 처신할 수 있었다."

"나는 아케가라수 스님이 나에게 절대자유(絕對自由)를 준 데 대하여 크게 감사드린다. 나는 그에게 아무 빚진 것이 없다. 내가 그의 학생이기 때문에 따로 해야 할 일이 하나도 없다. 내가 만일 나 자신이라면 그것으로 충분하다. 내가 나 자신인 것 말고 무엇을 할 수 있겠는가? 나는 남들에게 물려 줄 그 무슨 다르마도 선생한테서 전수(傳受) 받지 않았다. 나는 그냥 나 자신으로 살아갈 뿐이다."

마이다는 아케가라수에게서 받은 자유에 대한 궁극의 가르침을 이렇게 요약한다.

"아케가라수 스님은 언제나 내 귀에 속삭였다. '아무것도 염려할 것 없어. 자네가 하고 싶은 대로 하는 게 좋아.' 이것이 내가 그에게서 들은 불법(佛法, Buddha-Dharma)이다."

(2) 홀로서기(Independence)

선생의 부정(否定)은 학생을 자유롭게 하면서 마찬가지로 그를 홀로 서게 한다. 선생이 학생으로 하여금 자기(自己)를 잃어버리고 선생이 당신 몸으로 구현(具現)하는 진리(또는 우주의 생명)와 하나 되게 할 때, 학생은 홀로 선 인간이 된다고 마이다는 말한다.

"학생이 선생 앞에 무릎을 꿇을 때, 자신의 전생명(全生命)을 그 앞에 던져 버릴 때, 학생은 더 이상 자기 삶을 살지 않는다. 다만 우주의 생명이, 선생의 삶에 완전히 녹아 들어간 학생의 삶이, 있을 뿐이다. 학생이 무아(無我)의 삶(selfless life)을 살기 시작할 때 우리는 비로소 그가 홀로 선 인간의 길을 혼자서 걷고 있다고 말할 수 있다."

선생은 학생의 모든 것을 부정(否定)한다. 그래서 학생이 자기한테 종속(從屬)되는 것조차 용납하지 않는다. 그는 학생으로 하여금 오직 진리와 하나 되게 한다. 그 결과 학생은 진리가 속속들이 배어든 자신의 삶을 옹글게 살아간다. 그것을 일컬어 홀로서기

(independence)라 한다. 마이다는 '독존(獨存, alone-ness)'에 대하여 말하는데 그것은 아케가라수가 홀로서기(independence)의 동의어로 사용한 단어였다.

> "키요자와에 의하여 철저하게 부정(否定)된 아케가라수에게는 키요자와까지도 남아있지 않았다. 아케가라수는 오직 자기 자신을 예배했다. 그는 말했다. '나의 파(派, denomination)는 아케가라수 학파(Akegarasu School)다. 그 파(派)의 유일한 추종자는 나 자신이다. 그것을 세상에 퍼뜨릴 필요가 없다.' 그는 힘 있게 외쳤다. '천상천하(天上天下)에 유아독(唯我獨)이 존(尊)하다!(my aloneness is noble).' 아케가라수 스님은 당신 스스로 당신의 삶을 살았다."

이 세상의 모든 상대적 가치들로부터 해방되어 자신만의 절대 세계로 들어간 자유인(自由人) 아케가라수는 진정 홀로 선 인간이었다.

마이다는 홀로서기의 중요성을 마음 깊이 새겼다. 그리하여 자기 선생의 예(例)를 따르면서 홀로서기로 통하는 오솔길을 걸어갔다.

(3) 창조(創造)

마이다는 창조(creativity)의 바탕으로서 '배움'의 중요성을 강조한다. 사람은 선생한테 철저하게 배운 뒤에야 무엇인가를 새롭게 창조할 수 있다. 마이다는 말한다.

"귀에 들리는 것을 조용히 듣고 신중하게 생각하는 것이야말로, 사람으로 하여금, 일부러 노력할 것 없이, 창조(創造)의 첫 발을 떼어 놓게 하는 유일한 일이다. 새로운 생각을 하는 일보다 귀 기울여 듣는 일에 더 중점(重點)을 두어야 한다. 창조는 배움에서 절로 나온다."

마이다는 정신 발전(spiritual developement)의 마지막 경지(境地)를 '독자적(獨自的) 성취(personal attainment)'의 경지라고 부른다. 거기에 이르러 사람은 자신의 독특한 세계로 들어간다. 마이다는 그것이 곧 "선생 없이 혼자서 깨달음을 성취하는" 경지라고 설명한다. 이 전통적인 구절("선생 없이 혼자서 깨달음에 이른다")은 선생이 중요하지 않다는 뜻이 아니라 학생이 선생한테서 모든 것을 철저히 배워 자신만의 세계를 만들어간다는 의미라고 마이다는 주장한다. 마이다는 석가모니와 신란(親鸞) 같은 위대한 개인들(individuals)이 모두 선생 없이 혼자서 깨달음을 성취했다고 믿는다. 예컨대 신란(親鸞)에 대하여 마이다는 이렇게 말한다.

"신란(親鸞)의 선배들이 신란의 깨달음의 세계를 이루어 놓았다. 신란은 그 모든 선배들에 온전히 둘러싸여, 홀로 선 인간으로서 자신의 깨달음을 성취했다. ……신란은 정토종(淨土宗)의 선배들한테서 모든 것을 배웠고 그리고 그들을 넘어서 자신만의 독특한 깨달음의 세계를 이루어냈다."

신란(親鸞)은 한 평생 호오넨(法然)의 충실한 학생이었다. 그러나 이 말은 그가 선생의 불교 이해(理解)를 앵무새처럼 되풀이했다는 의미가 아니다. 오히려, 신란은 선생의 가르침을 철저히 탐색(探索)하여 스스로 자신의 독특한 정신세계를 창조해 낼 수 있었다.

키요자와, 아케가라수, 마이다, 이들 모두 겸손한 학생 정신을 가지고 존경하는 선생들한테 배워서 자신만의 독특한 정신세계를 발전시켜 나갔던 것이다.

7. 참 선생은 해방 경험 뒤에야 인식(認識)된다.

마지막으로 참 선생(true teacher)에 관하여 얘기해보자. 우리가 선생의 중요성을 강조할 때 곧장 "누가 참 선생인지 아닌지 우리가 어떻게 아는가?"라는 질문이 나오게 마련이다. 마이다는 대답한다.

> "내가 내 처지에서 어떤 사람이 참 선생인지 아닌지를 말할 수 있는 것일까? 예컨대, 내가 A, B, C 세 후보 중에서 참 선생을 가려 뽑을 수 있는 것일까? 사실을 말한다면 나는 아직 무엇이 참인지도 모르고 있다. 그런데 어떻게 내가, 아직 무엇이 참인지도 모르는 내가, 어떤 선생이 참 선생인지 아닌지를 결정할 수 있단 말인가? 그것은 자기가 객관적 논리로 여러 후보를 비교, 평가함으로써 그들 가운데서 참 선생을 선택할 수 있다고 생각하는 자가 저지르는 전형적인 오류다."

여러 경쟁자들 가운데서 승자(勝者)를 가려내는 일이라면 자신의 판단을 신뢰할 수 있을 것이다. 그러나 자기보다 큰 사람인 선생을 평가하는 데 학생이 자신의 변덕스런 기준(基準)을 사용할 수는 없는 일이다. 선생에 의해서 깨어져야 할 변덕스런 기준을 가지고 누가 참 선생인지를 어떻게 말할 수 있겠는가? 마이다는 이 점이 신란(親鸞)의 경우 어떻게 적용되는지를 말한다.

"신란(親鸞)의 눈이 욕망과 정열로 온통 흐려져 있기에 그의 눈에 비친 호오넨(法然)의 상(像)은 흐릿하고 몽롱하다. 신란이 색안경을 쓰고 있기에 그가 보고 있는 호오넨은 같은 색깔이다."

신란은 자기 선생을 판단하기 위하여 자신의 색안경을 써서는 안 된다. 그가 누구를 보든지 이미 편견의 색(色)에 물들어져 있는 것이다.

그러면 우리에게 누가 참 선생인지를 판단할 수 있는 길이 전혀 없는 것일까? 마이다는 한 가지 길이 있다고 말한다. 학생이 선생과 하나 되는 것, 또는 신심(信心)이 그것이다. 여기 '하나 됨(oneness)'이란 학생의 자아(自我, self)가 선생에 의하여 철저하게 부정(否定)되고 삼키어져 마침내 그와 하나로 되는 것을, 그리하여 더 이상 그가 참 선생인지 아니면 가짜인지를 말할 수 없게 된 상태를 뜻한다. 학생의 판단이 아니라 이와 같은 '하나 됨(oneness)'만이, 그의 선생이 그에게 참 선생임을 입증할 수 있다. 마이다는 말한다.

"참 선생이 존재하는 것은 우리가 어떤 사람을 참 선생으로 인정해서가 아니다. 학생과 선생이 하나 될 때, 그래서 자기 선생이 진짜인지 가짜인지를 학생이 말할 수 없게 될 때…… 그때 그가 참 선생이라는 사실이 절로 밝혀지는 것이다."

신란(親鸞)의 경우, 그와 호오넨(法然)의 하나 됨만이 그에게 호오넨이 참 선생이었음을 입증할 수 있다. 다른 말로 하면, 참된 '학생'의 존재만이 그에게 참 선생이 있음을 입증할 수 있는 것이다. 우리는 신란(親鸞) 본인의 말에서 그와 선생이 하나 되었음을 볼 수 있다.

"좋으신 분[호오넨]이 말씀하셨습니다. '다만 염불(念佛)을 함으로써 아미타불의 구원을 입어야 한다.' 나 신란으로서는 그분의 말씀을 받아들여 그렇게 믿을 따름입니다. 그뿐입니다.
염불을 하는 것이 과연 정토(淨土, the Pure Land)에 왕생할 인(因)인지 아니면 지옥(地獄)에 떨어질 업(業)인지, 나는 도무지 모릅니다. 내 비록 호오넨 성인(法然聖人)한테 속아서 염불을 했다가 지옥에 떨어진다 하더라도, 나는 후회하지 않을 것입니다."

우리는 마이다한테서도 같은 '하나 됨(oneness)'을 볼 수 있다. 열여덟에 처음 선생을 만난 뒤로 숨이 질 때까지 40여년 세월을 마이다는 자기 선생에 대한 이해(理解)를 깊게 하는 일에 매달렸다. 마이다는 죽기 두 달쯤 전 이런 글을 남겼다.

"나는 아케가라수 스님을 만날 수 있었다. 나로서는 그를 떠나서 불법(佛法, Buddh-Dharma)이 있을 수 없다. 그가 불법(佛法)이다. 그가 석가모니 자신이다. 만일 이 생각이 잘못된 것이라면 나의 일생(一生)도 실패작이다. 그러나, 그래도 좋다. 나는 만족하면서 죽을 것이다."

이 고백은 마이다의 신심(信心)을 보여준다. 그는 선생한테 배우는 일에 일생을 바쳤고 그 점에 대하여 스스로 큰 기쁨과 행복을 느끼고 있다. 이 고백은 또한 마이다가 평생토록 참 학생으로 살았으며 아케가라수가 그의 참 선생이었음을 보여주고 있다.

하네다 노부오 씀
1991년 6월 12일
캘리포니아 버클리에서

차 례

▶ 책머리에 ·3

- 무상(無常)과 만나던 날 ·37
- 내 생애 가장 중요한 일 ·49
- 좌탈(坐脫) ·56
- 무(無) ·64
- 노선관 ·68
- 너 자신이 되거라 ·72
- 선생-학생 관계에 대한 단상(短想) ·78
- 인생의 백팔십도 회심(回心)을 위한 조건 ·86
- 좋으신 분의 말씀 ·97
- "내 비록 속는 일이 있다 해도…" ·102
- "나 신관에게는 제자가 단 한 명도 없다" ·109
- 남의 선생되기를 거절함 ·114
- 예배 ·128
- "자기(自己)를 배워라" ·132
- 자유(自由)를 배워라 ·139
- 회고(回顧) ·151

■ 고마운 마음으로 ·168

●이 책은 Shūichi Maida가 日本語로 쓴 「如是我聞」을 Nobuo Haneda가 英語로 번역한 『Heard by Me-Essays on My Buddhist Teacher』를 한글로 발췌 번역한 것이다. 처음에는 필사본으로 내었는데 읽기가 힘들다는 분들이 많이 있어 다시 활자본으로 내면서 에세이 한 편 [자기를 배운다]을 보탰다.

무상(無常)과 만나던 날

저는 이시카와현(縣) 카나자와시(市)에서 왔습니다. 아케가라수 하야라고 하는 불교 선생님 한 분이 카나자와 부근에 사셨습니다. 여러분도 그분 얘기를 들으셨을 것입니다. 그분은 진종불교(眞宗佛敎)에 속한 스님이셨지요. 선생님 가신 지 13년이 되는군요. 올해 우리는 그분의 13주기 기념 법회를 가질 예정입니다. 저는 불교에 대하여, 특히 신란(親鸞)의 가르침에 대하여, 아케가라수 스님한테서 처음으로 배웠습니다. 그러므로 저는 아케가라수 스님의 가르침에 따라서만 불교에 관하여 말씀을 드릴 수 있습니다.

중학교 4학년을 졸업한 뒤 저는 대학에 진학하여 전기공학을 공부할 생각으로 쉬코 고등학교 과학부에 들어갔습니다. 그런데 고등학교 2학년 때 카나자와 시민회관에서 열린 아케가라수 스님의 강연에 참석했어요. 거기서 스님은 「정토삼부경(淨土三部經)」 가운데 하나인 '무량수경(無量壽經)'의 몇 구절을 강의하셨습니다.

돌이켜 보건대, 그날 아케가라수 스님의 강연을 들음으로써 제 인생이 완전히 바뀌었다고 말씀드릴 수 있겠습니다. 덕분에 저는 학문에 흥미를 잃어버렸으니까요. 고등학교를 졸업하자 부모님이 "고등학교를 마쳤으니 이제 대학에 들어가서 공부를 계속하는 것이 좋겠다"고 하셨습니다. 사실 달리 무슨 할 일도 없기에 교토 대학 철학부에 들어갔지요. 그 학교에는 역시 이시카와현(縣) 출신이신 니시다 기타로오 박사님이 가르치고 계셨습니다.

대학에는 들어갔지만 학술적 연구에 더 이상 열심을 낼 수 없었어요. 저는 대학 생활 3년을, 철학 공부 따위 밀쳐두고, 빈둥빈둥 보냈습니다. 마침내 학교 당국은 '이 친구 여기서 아무것도 이룰 수 없을 것 같으니 가능한 대로 빨리 쫓아내는 것이 낫겠다'고 판단했던 모양입니다. 그래서 저를 졸업시켰지요.

저는 대책 없이 불량한 학생이 되었던 것입니다. 그리고 그것은 순전히 고등학교 2학년 때 사흘 밤 계속된 아케가라수 스님의 강연을 들은 덕분이었습니다. 그 강연을 들은 뒤로 제 인생은 엉뚱한 방향으로 흘러가기 시작했어요. 지금도, 그 연장선에서, 빈둥빈둥 시간을 보내고 있지요. 저는 만사태평으로 즐거움을 찾는 사람(carefree pleasure seeker)입니다. 무엇이든 자신이 좋아하는 것을 스스로 즐겁게 하며 삽니다.

예컨대, 어제 저는 니시 미노아에 있는 어느 학교에 그곳 선생님들과 함께 불교를 공부하러 갔는데요, 아침 10시부터 오후 5시 반까지 저의 관심사를 화제로 삼아 그냥 중얼거렸습니다. 빈둥빈둥 엉뚱한 얘기를 들려준 거지요. 시작할 때부터 마칠 때까지 아주 즐거운 시간을 보냈습니다.

제가 이렇게 말하면 여러분은 이렇게 물으시겠지요. "그럼, 무엇이 당신을 오늘의 만사태평으로 즐거움을 찾는 사람이 되게 했나?" 이제부터 말씀드리는 것이 그 질문에 대한 저의 답이 될 것 같군요.

아까 말씀드렸듯이, 저는 고등학교 2학년 때 아케가라수 스님의 「무량수경」 강의에 참석했습니다. 어느 여름날 밤, 한 시간 반 동안 그분 말씀을 들었지요. 앞으로 사흘 밤마다 계속될 강의의 첫 번째 시간이었습니다. 저로서는 처음으로 그분 말씀을 듣는 기회였지요.

강연장에 들어가기 위하여 1원 50전을 수강료로 냈습니다. 그랬더니 「무량수경」 본문을 주더군요. 마룻바닥 얇은 방석에 앉아서 기다리는데…… 그 무렵 아케가라수 스님은 거의 앞을 보지 못하셨으므로 지팡이를 짚고 들어오셨습니다. 그분은 지팡이로 바닥을 두드리며 강단 위로 올라가셨어요. 저는 청중 가운데쯤 되는 자리에 앉아 있었지요. 그분이 강단 위에 마련된 의자에 자리 잡고 앉는 모습을 보면서 속으로 중얼거렸습니다. "아, 이분이 아케가라수 스님이구나."

스님은 먼저 장내를 한번 훑어 보셨어요. 이제 생각해보면, 그때 스님은 이미 시력을 거의 잃어버린 상태였으므로 거기 모인 사람들이 어떻게 하고 있는지 볼 수 없으셨을 것입니다. 그런데 그분이 이렇게 말씀하셨습니다. "음, 저기, 그리고 저기, 연필하고 종이하고 노트를 들고 있는 사람들, 일어나서 나가주시오!"

모두들 수강료를 내고 들어온 사람들이었지요. 저만 해도 세 시간 강의 듣는 값으로 1원 50전을 냈으니까요. 그러니까 거기 모인 사람들은 모두 최소한 1시간 수강료 50전을 냈던 것입니다. 그런데 연필과 종이를 가지고 있는 사람은 즉시 일어나서 나가라는 것이었어요.

아케가라수 스님은 강의를 시작하기 전에 그 말씀을 하셨습니다. 저는 고등학교 학생이었어요. 교실에서 선생님 강의 내용을 열심히 받아 적는 게 저의 일이었지요. 아케가라수 스님 말에 어리둥절하지 않을 수 없더군요. 마침 저는 필기도구를 가지고 있지 않았기에 안도의 숨을 내쉬며 자신에게 속삭였습니다. '나는 안 나가도 되는구나.' 동시에 생각했어요. '무슨 엉뚱한 말씀을 하시는 거지?'

아무도 일어나 나가지 않았습니다. 그러자 그분이 말씀하셨지요.

"나가지 않겠거들랑 연필과 종이를 바닥에 내려놓으시오! 도대체 종이에다 끄적거려서 뭘 하겠다는 겁니까? 집에 가서 그것을 들여다보고 내 말 가운데 분명치 못했던 점을 짚어 보려고 그런다고요? 그렇지만, 지금 이렇게 얼굴을 마주보고 얘기하는데도 이해 못한 것을 어떻게 집에 가서 필기한 것을 통해 이해하겠다는 겁니까? 그러니, 여기서 나가고 싶지 않거든 제발 종이하고 연필을 내려놓으시오."

그런 다음, 당신 앞이마를 손가락으로 가리키며 이렇게 말씀하시는 것이었습니다.

"눈길을 어디에 두어야 할는지 모르겠거든 여기를 봐요! 바로 여기, 여기를 보란 말입니다. 앞으로 사흘 저녁 내 말을 귀담아 들어

보시오. 그 사이에 여러분은 번쩍하고 빛나는 섬광(閃光)을 느낄 겝니다. 그거면 충분해요. 언제 어떻게 그 빛이 왔는지 기억 못해도 좋아요. 번쩍하는 섬광이 여러분을 치면, 그걸로 충분한 겁니다."

아케가라수 스님은 우리에게, 진리는 섬광(閃光)이라고 가르치셨습니다. 저는, 무상(無常)의 진리야말로 그런 것이라고 믿습니다.

이렇게, 강의 제목인 「무량수경(無量壽經)」 본문에 들어가기도 전에, 이제 와서 제가 깨닫는 바입니다만, 그분은 강의의 중심 주제를 이미 말씀하셨습니다. 제가 이런 말씀을 드리는 까닭은, 무상(無常)의 진리가 석가모니께서 가르치신 유일한 진리요, 아케가라수 스님이 청중에게 당신 강의를 어떻게 들을 것인가에 대하여 말씀하실 때 바로 그 진리를 드러내셨다고 생각하기 때문입니다.

석가모니께서 발견하신 진리는 어떤 진리입니까? 그분은 한 가지 진리를 발견하셨고 그것을 '무상(無常)'이라 부르셨습니다. 무상(無常)은 여러분이 손으로 잡을 수 없는 것입니다. 만일 여러분이 어떤 사물을 잡을 수 있다면 그것은 더 이상 무상(無常)이 아니지요. 무상의 진리란, 존재하는 모든 것이 순간순간 바뀐다는 것, 사물과 인간의 마음이 순간순간 바뀌어 일초 동안도 같은 모양으로 머물러 있지 않는다는 것입니다. 따라서 무엇이 고정돼 있다면, 무상(無常)의 진리 같은 것은 있을 수 없지요. 그 진리는 오직 섬광(閃光)으로만 묘사될 수 있습니다.

이곳 나가노현(縣) 사람들 정말 불꽃놀이 좋아하더군요. 저는 이시카와현 태생입니다만 여기 나가노에서 20년 넘게 살았어요. 제 생각에는 일본에서 나가노 사람들만큼 불꽃놀이 좋아하는 사람들 없습니다. 불꽃놀이의 묘미(妙味)는 그것이 나타나는 순간 곧 사라지는 데 있다고 봅니다. 만일 불꽃이 어두운 밤하늘에 퍼져 어떤 모양을 오랫동안 보여준다면 불꽃놀이의 맛은 없는 거지요. 찬란한 꽃이 아름답게 피어나는가 하면 이내 자취를 감추고 하늘은 다시 캄캄해집니다. 바로 거기에 사람들이 불꽃놀이를 즐기는 까닭이 있다고 저는 생각합니다.

섬광은 불꽃놀이와 같은 것입니다. 빛나는 순간 사라지는 거예요. 그래서 아케가라수 스님은, '만일 여러분이 말하기를, 내가 이런 이런 말을 들었기 때문에 섬광이 다가왔다고 한다면 그런 섬광은 이미 고정된 개념이고 진짜 섬광일 수 없는 것이오'하고 말씀하셨습니다. 이렇게 저는 그분한테서 직접, 진리는 섬광이라는 말씀을 들었답니다. 당신 이마를 가리키며 그분은 우리에게 가르쳐 주셨습니다. "내 얘기를 듣는 동안 번쩍 하는 빛을 본다면, 그게 그거요. 그러면 사흘 저녁 이 법회에 참석한 것이 시간 낭비는 되지 않을 것이오."

그 말씀을 들을 때 저는 그동안 소중하게 여기던 모든 것을 한꺼번에 빼앗기는 느낌이었어요. 앞에 말씀드렸듯이 저는 당시 고등학생이었습니다. 학생은 선생의 강의를 꼼꼼히 베껴서 그것들을 잘 기억해야 합니다. 노트 정리를 잘 해두고 시험지에 정답을 써 넣어야 하지요. 그는 자기가 암기하고 있는 것에 의존합니다. 이런 방식으로 모든 종류의 지식을 쌓아두는 겁니다. 그리고 그렇게 축적된 지식을 학문(學問, scholarship)이라고 부르지요. 그날 그분의 집회에 참석하기 전까지, 학생인 저에게는 지식의 축적이 가장 중요한 관심사였습니다.

아케가라수 스님 말대로 진리가 섬광이라면, 그렇다면 더 이상 지식의 축적인 이른바 "학문"을 할 이유가 없지요. 저의 학술적 학생정신(academic studentship)은 그날로 끝장났다고 생각합니다.

아케가라수 스님 강의를 듣기 이태 전에 저는 중학교를 나와 고등학교에 입학했어요. 중학교 때 열심히 공부한 덕분으로 고등학교에 들어가니 선생님들이 매우 기뻐하면서 "올해에는 대단한 물건이 들어왔다"고 말하더군요. 고등학교에서는 별로 공부를 하지 않는데도 성적이 좋았습니다. 특히 영어와 수학 점수가 높았지요. 그런데 2학년 때 아케가라수 스님의 강의를 들은 후 갑자기 문제학생이 된 것입니다. 진리가 섬광이라는 말을 듣고부터, 기억된 지식에 바탕을 둔 학문이라는 것이 더 이상 의미가 없게 되었습니다. 아무도 저를 모범학생이니 천재니 하고 불러주지 않더군요.

그렇게 고등학교를 졸업하고 대학 철학부에 들어갔지요. 철학 역시 학문인데, 학문을 경멸하는 제가 어떻게 그것을 제대로 공부할 수 있었겠습니까? 저같이 형편없는 학생이 어떻게 대학을 졸업하고 학위까지 받게 되었는지, 그게 지금도 궁금합니다.

현직 교사인 여러분에게 이런 말씀 드리기가 좀 망설여지기는 합니다만, 대학 졸업반이었을 때 저는 마땅히 교토에 있어야 할 몸이 실은 다른 데 가 있었어요. 6개월간 저는 교토에 있지 않았습니다. 어디에 있었느냐 하면, 와카야마현(縣)의 시오노 미사키곶(혼슈섬

남쪽 끝에 있는 해변마을)에 있었지요. 그곳 주민들이 저를 불쌍한 눈으로 보면서 이렇게 수군거리고 있었음을 나중에 알게 되었습니다. "저 젊은 학생은 신경쇠약에 걸린 걸까? 아니면 실연이라도 한 걸까?" 저는 신경쇠약에 걸린 것도 실연을 한 것도 아니었어요. 여섯 달 동안 그곳에서 매우 행복한 세월을 보냈지요. 3월에 들어서면서(그곳 3월은 아직 겨울입니다) 바다에 들어가 헤엄을 쳤어요. 저는 수영을 좋아합니다.

그때 저는 대학 철학부 졸업반이었습니다. 논문을 쓰고 좋은 성적으로 졸업을 해야 마땅한 처지에 완전히 공부를 접어두고는 불쑥 시오노 미사키곶을 찾아갔던 것입니다.

저는 오사카의 템포오산 피에르에서 쿠시모토까지 가는 1200톤 증기선에 몸을 실었습니다. 쿠시모토 여관에서 어떤 사람한테, 시오노 미사키 마을에 제가 머물 만한 장소가 있겠는지 물어봤지요. 그가 대답했습니다. "많은 화가들이 시오노 미사키를 찾아오지요. 그들이 묵는 하숙집이 여럿 있어요. 거기 가서 물어보면 묵을 만한 집을 찾을 수 있을 것이오." 그가 가르쳐준 대로 가서 알아 봤더니 과연 하숙집이 있더군요. 거기서 여섯 달을 보냈습니다. 매일같이 바다에 가서 헤엄을 쳤지요. 그곳에 가보신 분은 아시겠습니다만, 미사키곶 오른 쪽에 너른 풀밭이 있습니다. 그 풀밭을 따라 곧장 가면 숲이 있지요. 누가 보면 숲에서 참선(參禪)이라도 하는 것처럼 보였겠지만 저는 그냥 앉아서 이런 저런 잡생각을 굴리고 있었지요. 낚시하는 젊은이들과 어울려 재미있는 시간을 보내기도 했습니다.

제 부모님이 얼마나 실망이 크셨겠습니까? 자식이 대학에서 열심히 공부하기를 바라고 있는데 막상 본인은 엉뚱한 곳에서 어슬렁거리며 놀고 있으니 말입니다. 그래도 시오노 미사키에서 돈이 떨어져 더 이상 있을 수 없게 되었을 때 부모님은 친절하시게도 얼마쯤 되는 돈을 등기우편으로 보내주셨지요. 몇십 원을 보내셨던지 그건 기억나지 않는군요. 매월 저는 그 돈을 등기우편으로 받아서 하숙비를 냈습니다. 정말 천하태평인 하루하루였지요.

그러나 언제까지나 그렇게 살 수는 없는 일이고 또 학교 졸업도 해야겠기에 여섯 달 뒤 시오노 미사키를 떠나 교토로 돌아왔습니다. 졸업에 필요한 최소한의 학점을 따기 위해서 강의실에 출석도 했고 반드시 제출해야 하는 페이퍼도 작성했어요. 그렇지만, 아까 말씀드린 대로, 학교 당국은 저를 이미 포기한 상태였습니다. 그들은 저를 학교에 그대로 둘 이유가 없다고 생각해서 결국 학교 밖으로 걷어차버린 것입니다. 그게 저의 졸업이었지요. 실제로 저는 거의 '낙제생' 또는 '퇴학생'이었습니다. 그러니 저의 졸업은 퇴교(退校)나 마찬가지인 셈이었지요. 저는 그 모양으로 교토 대학을 나온 사람입니다. 그러니 저한테서 많은 것을 기대하시면 안 됩니다.

이 모든 일이 아케가라수 스님 때문에 일어난 거예요. 그분 강의 때문입니다. 그분은 이 모든 일에 전적으로 책임이 있습니다. 그분이 「무량수경」 강의를 시작하시기 전에, 당신의 말을 어떻게 들을 것인가, 그것을 우리에게 가르쳐주실 때, 그때 저는 완전히 그분 손에 죽었던 것입니다(I was completely killed by him). 지금 생각하면 그날 강의에 들어가기 전 몇 마디 하신 것으로 이미 당신의 할 얘기를 모두 마친 셈이었습니다만, 그래도 그분은 강의를 시작하여 사흘 밤에 걸쳐 여러 시간 계속하셨습니다. 나는 그분한테서 무엇을 들었던가? 제가 들은 것은, 진리는 번쩍하고 빛나는 섬광(閃光)이라는 그 한 마디였어요. 그러니, 여러분이 저 같은 사람 말을 듣고 무슨 유익한 것을 얻을 수 있으리라고는 생각되지 않는군요.

아무튼 그 한 마디를 던진 뒤에 아케가라수 스님은 「무량수경」의 '부처님 찬탄하는 노래'를 강의하기 시작하셨지요. 우리는 그분이 본문을 한 마디씩 차례로 설명하는 것을 들었습니다. 누군가 그분 강의를 기록으로 남겼고 지금 그 내용을 책에서 읽을 수 있습니다. 그러나 저는 그 책에서 아무 감동을 느끼지 못하겠더군요. 책에 적힌 내용은 그날 밤 제가 경험한 것과 너무나도 다릅니다. 예를 들면, 저에게 큰 충격을 안겨준 말을 책에서는 찾아볼 수 없는 겁니다. 그 말은 스님이 본문 강의로 들어가기 전에 하신 것들이니까요. 그렇지만 저에게는 그 말씀이 가장 중요한 말씀이었어요. 저의 전존재(全存在)가, 척추 마디마디를 관통하여, 그 한 마디 말씀으로 마구 흔들렸던 겁니다.

강사가 교과서를 펼쳐들고 "자, 그럼 이 구절을 읽어 봅시다……" 하며 말할 때 여러분은 이미 그 강의에서 가장 중요한 부분을 놓쳐버린, 그런 경우가 있는 거예요. 때로는 강사가 강의를 시작하기 전 그냥 무심으로 하는 몇 마디 말 속에서 깊은 진리를 발견할 수 있는 것입니다. 그래서 무심결에 하는 대화가 매우 중요하다고 저는 생각하지요.

아케가라수 스님이 강의를 시작하시기 전에 불교의 가장 중요한 진리를 말씀하신 것은 참으로 경탄할 일입니다. 강의 전에 이미 무상(無常)의 진리를 말씀하신 것입니다. 무상(無常)의 진리를 빼놓고는 석가모니의 가르침도, 불교도 있을 수 없습니다.

팔리어(語)로 무상은 '아니카(anicca)' 입니다. 팔리어는 독일어 영어와 마찬가지로 인도-유럽계 언어에 속하지요. 접두사 '아(a)'를 어떤 단어에 붙이면 반대말이 됩니다. 예를 들어, 독일어 '데이스무스(Theismus, 神論)'에 '아(a)'를 붙이면 '아데이스무스(Atheismus, 無神論)'가 되듯이 팔리어 '니카(nicca 常)'에 '아(a)'를 붙이면 '아니카(anicca, 無常)'가 되는 겁니다. 이 '니카'의 발음이 재미있다고 생각되지 않습니까? 니카 니카는 일본말 네카 네카(끈적 끈적)와 비슷하지요. 뭔가 단단하게 들러붙거나 고정된 그런 것이 연상되거든요. 이 '니카(고정되어 있음)'에 '아(a)'를 붙여서 '아니카'가 된 겁니다.

'아니카'는, 영구적인 것은 없다, 모든 것이 끊임없이 움직이고 바뀐다는 그런 뜻이지요.

아까 말씀드렸듯이 어제 저는 니시 미노아에서 학교 선생님들과 함께 불교 공부를 했어요. 토론 시간에 어느 여선생님이 묻더군요. "선생님, 선생님은 무상(無常)에 대하여 말씀하셨습니다. 그렇지만, 그렇게 모든 것이 무상하다고 말씀하시면 우리의 삶을 지탱시켜 줄 든든한 바탕이 없어지는 것 아닐까요? 우리에게 인생의 목적이 없다면 우리는 혼란에 빠지고 말 거예요."

그러나 만일 인생에 무슨 '바탕(basis)'이 있다면, 그것은 '니카' 입니다. 그것은 우리가 잡을 수도 있고 손에 넣을 수도 있는 어떤 것이지요. 만일 우리가 '니카'의 존재를 용인(容忍)한다면, 영구히 존재하는 무엇이 있다고 인정한다면, 그러면 우리는 더 이상 불교에 관하여 할 말이 없는 겁니다.

'아니카'는 그 어떤 바탕도, 처지(處地)도, 관점(觀點)도 있을 수 없음을 뜻하는 말입니다. 우리가 소중하게 여기는 모든 것이 철저하고 완벽하게 부정(否定)됩니다. 무상(無常)의 진리는, 이 세상에 우리가 의존(依存)할 수 있는 것은 아무것도 없음을 뜻합니다.

따라서 어떤 사상(思想)의 체계를 세우려는, '주의(ism)'나 이론의 체계를 세우려는, 인간의 노력은 모두가 헛된 일입니다. 무상(無常)의 진리는 우리에게 그 어떤 고정된 견해나 생각, 관점 또는 처지를 지니지 못하게 합니다. 그 모든 것이 철저하게 뿌리 뽑히는 거예요. 석가모니께서는 오직 이 무상(無常)의 진리만을 가르치셨다고 저는 생각합니다.

이렇게 저는 열여덟 나이에 아케가라수 스님의 말씀 한 마디를 듣고 제가 의존하던 모든 것을 빼앗겼습니다. 제 인생의 방향이 반대쪽으로 돌려진 것이지요.

내 생애 가장 중요한 일

　사람들은 흔히 불교의 두 가지 다른 길에 대하여 말합니다. 하나는 자력(自力)에 의존하는 길이고 다른 하나는 자아를 초월한 힘(tariki, 他力)에 의존하는 길입니다. 보통 선종(Zen, 禪宗)이 자신의 힘에 의존하는 것을 강조한다고들 하지요. 그러나 어떤 종교가 참된(authentic) 종교라면 그 종교는 자아를 초월한 힘(the Power Beyond the Self)에 의존하는 것을 가르쳐야 합니다. 그 어떤 종교도 자기 능력에 의존하는 것을 가르치지 않습니다. 니시다 키타로오 박사님도, 제가 대학에서 그분께 배웠습니다만, 종교 철학을 다룬 당신 책에서 같은 말씀을 하고 계시더군요. 그런 뜻에서, 선사(禪師)이신 도오겐(道元)님도 분명히, 자아를 초월한 힘에 대한 의존을 말씀하십니다. 오늘 저녁 저는 도오겐(道元)이 그 점을 어떻게 강조하셨는지 그것을 말씀드리는 것으로 이 연속 강의를 마무리할까 합니다.

　도오겐(道元)은 당신의 주저(主著)인 「정법안장(正法眼藏)」 말고도 여러 책을 내셨습니다. 그분이 중국에서 돌아오신지 얼마 안 되어 쓰신 초기 저술 가운데 하나를 보면 거기에 배움에 있어서 참 선생의 필요성 이라는 제목으로 된 글이 있는데요, 그 글에서 우리는 다음과 같은 문장을 읽을 수 있습니다.

"참 선생이 없다면, 불교를 공부하지 않는 게 낫다."

도오겐은 여기서 참 선생 없이, 그의 안내를 받지 않고, 배우는 것은 아예 공부하지 않는 것보다 더 나쁘다고 말씀하십니다. 사람이 배우는 일에는 참 선생이 반드시, 절대로, 필요하다는 것입니다. 배움의 근본 조건에 대하여 이렇게 말하고 있는 문장을 읽으면서 어떻게, 도오겐 선사가 자력(自力)에 의존하는 것을 가르친다고 말할 수 있겠습니까?

도오겐은 스물을 갓 넘었을 때, 일본에서는 스승을 찾을 수 없어서 중국으로 건너 가셨습니다. 앞길이 창창한 젊은이가 목숨 걸고 허술한 일본상선(商船)에 몸을 맡겼던 것입니다. 스승을 찾아 중국 여러 지방을 돌아다니다가, 마침내 천동산(天童山)에서 여정선사(如淨禪師)를 만나게 되지요. 전(全) 95권(卷)으로 되어 있는 「정법안장」의 제1권, '변도화(辨道話)' 에서 그는 이렇게 말합니다.

> '마침내, 천동산(天童山)에서 여정(如淨) 선사를 만났을 때, 내 생애 가장 중요한 일이, 나의 구도행(求道行)이, 끝나버렸다."

도오겐(道元)은, 그 사람을 만났을 때 당신 생애의 가장 중요한 일인 구도행(求道行)이, 목숨 걸고 감행했던 그 일이, 모두 끝나버렸다(had ended)고 말합니다. 참 스승을 만난 기쁨을 이보다 더 잘 표현할 수 없을 것입니다. 그는 아주 잘라서 말합니다. "끝나버렸다"고요.

"끝나버렸다"는 이 표현은, 도오겐이 여정 선사를 만나자 곧장 죽었다는 뜻일 수도 있습니다. 여기서 저는 여정(如淨)의 손에 온전히 죽어버린 도오겐을 생각하지 않을 수 없군요. 도오겐의 삶이 그 뒤에도 계속되었다면, 그것은 더 이상 그의 삶이 아니고 그 자신을 초월한 어떤 것의 삶이었습니다. 그의 생애에서 가장 중요한 목적이 이루어졌습니다. 목적을 이룬 도오겐은 여정(如淨) 앞에서 산산조각으로 파기(破棄)되었던 것이지요. 이와 같은 말을 하고 있는 도오겐이 자력(自力)에 의존할 것을 가르친다고 어떻게 말할 수 있겠습니까? 어떻게 그의 선학(禪學)이 자력에 의존하는 것을 가르친다고 생각할 수 있겠느냐는 말씀입니다.

어제 저녁에는 중국에서 오신 린 씨가 이 자리에서 강연을 하셨지요. 강연 중에 이런 말씀을 하시더군요. "저는 비록 게이오 대학에서 공부를 했습니다만, 사실 아케가라수 스님을 만나기 전까지는 무엇 하러 일본에 왔는지 이해할 수 없었습니다. 그러나 마침내 아케가라수 스님을 만났을 때, 중국에서 일본으로 유학 온 것이 저에게는 더 없이 중요한 사건이라는 느낌이 들었지요. 이것이 제가 오늘 여러분에게 드리고자 하는 말씀의 전부입니다." 만일 린 씨가 도오겐이었다면 이렇게 말씀하셨겠지요. "내 생애 가장 중요한 일이,

나의 구도행이, 끝나버렸습니다."

오늘 우리는 오전 오후 계속하여 자유토론 시간을 가졌습니다. 여러분 모두가 아케가라수 스님을 만난 행복에 대하여 말씀을 나누셨지요. 여러분이 진심으로 선생님께 감사한 마음을 품고 계신 것을 보면서 저는, 저분들도 옛날의 도오겐 선사와 같은 느낌을 느끼고 있구나, 하고 생각했어요.

이 여름 수련회에서 저는 신참자(新參者)에 속합니다. 이 모임에 참석한 것이 최근 수년 밖에 되지 않거든요. 그러나 제가 아케가라수 스님을 처음 만나 뵌 것은 20년도 더 지난 옛날 일입니다. 시코 고등학교 2학년 학생일 때, 아케가라수 스님이 카나자와 시민회관에서 사흘 밤에 걸쳐 「무량수경(無量壽經)」을 강의하셨지요. 그때 운(運) 좋게도 그분 강의를 들을 수 있었던 것입니다.

저의 두 번째 강의 시간에 우리는, 「정법안장」에 실려 있는 '만법진상(萬法眞相)'이라는 제목의 글에서 한 구절을 낭송(朗誦)했습니다. 거기서 도오겐(道元)이 천동산 밤 풍경을 어찌나 아름답게 묘사했는지, 차라리 한편 서정시(詩)라고 할 만했지요. 여러분이 그것을 읊고 있는 동안 저는, 지금으로부터 20여 년 전 열여덟 나이에 처음 아케가라수 스님을 뵙던 그 시절을 회상하고 있었습니다. 도오겐은 이렇게 썼지요.

"그날 밤, 여러 층으로 된 건물들 사이 빈 터로 희미한 달빛이 드리워져 있었다. 뻐꾸기가 끊임없이 울어댔지만 참으로 고요한 밤이었다."

도오겐은 지금 깊은 감상(感傷)에 젖어 그날 밤을 회상하고 있는 겁니다. 이 구절은 저의 추억을 샘처럼 솟구치게 했어요. 제가 카나자와 시민회관에서 선생님 말씀을 처음 들은 것도 여름날 밤이었지요. 창문마다 활짝 열려 있었고 서늘한 밤공기가 그리로 해서 들어 오고 있었어요. 아케가라수 스님은 이글거리는 불처럼 열변을 토하시며 대승불교의 정수(精邃)를 제 가슴 속에 들이 부으셨습니다. 그 때 돌연 회관 뒤 숲 쪽에서 퉁소 소리가 들려오는 것이었어요. 아케가라수 스님은 퉁소 소리에 귀를 기울이시다가 우리에게 물으셨지요. "저 퉁소 소리 들리지요?" 이어서 퉁소 소리를 소재로 삼아 강의를 계속하셨습니다. 지금도 저는 그때 하신 말씀을 생생하게 기억하고 있어요. 그때 그분이 사흘 저녁에 걸쳐 하신 강의가 '부처님 찬탄에 관한 강의'라는 제목으로 나중에 출판되었습니다. 거기에 보면 강의 도중 퉁소 소리에 관해서 하신 말씀이 기록되어 있지요.

우리가 '만법진상(萬法眞相)'의 한 구절을 낭송하고 있을 때, 저는 그날 밤을 추억했습니다. 20여 년 전, 십대 소년이었던 그 때를 돌아다 볼 때, 제 생애에서 가장 큰 사건이 그날 밤 일어났다는 느낌이 들었어요. 그것은 도오겐이 "마침내 천동산에서 여정 선사를 만났을 때, 내 생애 가장 중요한 일이, 나의 구도행이, 끝나버렸다"는 말로 묘사하고 있는 바로 그 사건입니다.

그날 밤 저는 선생님 손에 죽었습니다(I was killed by my teacher on that evening). '죽인다'는 단어가 좀 거칠게 들릴는지 모르겠군요. 그렇지만, 저는 그날 밤 선생님의 넓은 가슴에 온전히 묻혀버렸다는 느낌입니다.

그 뒤로 여러 곳을 돌아다녔습니다만, 고등학교 시절의 그 경험이 대학에 들어가서 철학을 공부할 때에도 계속 따라다니더군요. 대학을 나오고 몇 해가 지났습니다. 그런데도, 제가 아케가라수 스님을 개인적으로 만나 뵐 때가 아직 무르익지 않았지요. 그 몇 해 동안 저는 인생의 바른 방향을 찾고자 제법 고민이 많았습니다. 이것저것 여러 가지를 공부해 보았지요. 예를 들어, 저 자신의 철학체계를 세워보려 했고 친구들과 함께 마르크스주의를 공부하는 데 많은 시간을 들이기도 했지요. 이제 생각해보니 그 몇 해 동안은 저의 잃어버린 중간기(中間期)였어요. 그러나 그 잃어버린 세월은 제가 이미 아케가라수 스님의 넓은 가슴에 묻힌 뒤에 온 것이었습니다. 선생님의 품속에서 자신의 상실기(喪失期)를 경험했던 거지요. 그랬기에, 그것이 큰 문제가 되지 않았습니다. 그것은 거대한 바다에 출렁거리는 작은 파도에 지나지 않았어요. 상실기가 끝나자 아주 자연스럽게 아케가라수 스님께로 돌아갔지요.

「만법진상」의 그 구절을 읽을 때 저는 고등학교 2학년 학생 몸으로 아케가라수 스님을 처음 뵙던 그날 밤을 추억하지 않을 수 없습니다. 지금 제가 이 모양으로 존재하는 것은 바로 그 만남 덕분입니다.

저는 오늘 이 말씀을 드리면서 첫머리에 "참 선생이 없다면 불교를 공부하지 않는 게 낫다"는 문장을 인용했습니다. 그러면, 무엇이 참 선생입니까? 제가, 제 처지에서, 어떤 사람이 참 선생이다 아니다 하고 말할 수 있는 걸까요? 예컨대, 제가 A, B, C 등 여러 후보들 가운데서 참 선생을 가려 뽑을 수 있겠느냐는 말씀입니다. 사실을 말한다면, 저는 아직 무엇이 참인지도 모르고 있습니다. 그런데 어떻게 제가, 아직 무엇이 참인지도 모르는 제가, 어떤 선생이 참 선생인지 아닌지를 결정할 수 있단 말입니까? 그것은 자기가 객관적 논리로 여러 후보를 비교, 평가함으로써 그들 가운데서 참 선생을 선택할 수 있다고 착각하는 자가 저지르는 전형적인 오류입니다.

그런즉 간단하게 말해서, 어떤 사람이 참 선생을 만나는 것은 업연(業緣)입니다. 참 선생은 나를 완전히 죽여 버리는 사람입니다. 그는 날카로운 칼로 내 정수리를 쳐서 몸을 두 동강냅니다. 달리 말하면, 나의 전존재(全存在)가 그의 품 안에 묻혀 버릴 때 비로소 그를 참 선생이라고 말할 수 있는 것입니다. 이렇게, 참 선생은 나의 주관적 평가에 따라서 존재하는 것이 아니라 객관적 사실에 따라서, 업연(業緣)에 따라서, 존재합니다. 그래서 저는, 참 선생이란 '자아를 초월한 힘'이 우리에게 베풀어주는 선물이라고, 그렇게 생각하는 것입니다.

「정법안장(正法眼藏)」이야말로 '자아를 초월한 힘'을 제대로 알아 모신 분의 저술(著述)이라고, 진심으로 저는 그렇게 생각합니다.

좌 탈(坐脫)

'좌탈(坐脫)'이란 말은 앉은 자세 그대로 죽는다는 뜻입니다. 그 자리에서 곧장 무(無)로 바뀌는 것이지요. 염불(念佛)은 곧 좌탈입니다. 염불을 경험할 때 자신이 서 있던 토대를 잃기 때문입니다. 선생님은 이를 개인적으로 나에게 가르쳐 주셨습니다. 그 경험을 생각나는 대로 여기 적어볼까 합니다.

1947년인가 48년인가, 여름철이었어요. 내가 가르치던 학생 수십 명과 함께 아케가라수 하야 스님의 하안거(夏安居)에 참여하려고 스님의 절을 찾았는데, 하루는 오후 시간에 선생님께서 나에게 강의를 하라는 것이었습니다. 강단 의자에 앉아 손을 책상 위에 놓고 얘기를 시작했지요. 선생님은 왼쪽 편 다다미에 방석도 없이 앉아서 내 말을 듣고 계셨습니다. 그곳은 키타 야수다에 있는 묘오타츠지[寺] 절의 대강당이었어요. 2백 명도 넘는 대중(大衆)이 앉아서 강의를 듣고 있었습니다. 내가 나가노에서 데리고 온 학생들도 모두 거기 앉아 있었지요.

강의를 시작하여 10분이나 15분쯤 지났을 때였어요. 갑자기 선생님이 날카로운 질문으로 나를 공격해 오셨습니다. 그 때 내가 무슨 말을 하고 있었는지는 전혀 기억이 나지 않습니다. 그러나 선생님의 지적(remark)은 내 가슴을 깊게 자르고 들어왔어요. 마치 시퍼렇게 날선 칼이 심장을 찔러오는 것 같았습니다. 나의 표피적(表皮的)이고 건방진 관념들이 선생님의 눈, 곧 여래(如來)의 눈에 그대로 꿰뚫리고 만 것입니다. 선생님의 말씀은 매우 단순했고 또 에둘러 말씀하시는 법이 없었으므로, 거기 있던 대중(大衆)은 모두 나를 찌르는 그분의 일격(一擊)을 분명하게 알아볼 수 있었지요. 대답할 말이 떠오르지 않았습니다. 같은 어조(語調)로 강의를 계속할 수가 없었어요. 내 머리에 자랑스레 얹혀 있던 관(冠)이 선생님 손에 박살나는 순간이었습니다.

나는 그만 할 말을 잃고 말았어요. 도저히 강단에 버티고 앉아 있지 못하겠더군요. 그러나 강의를 중단하고 내려올 수도 없는 일이었습니다. 참으로 난처한 궁지에 빠진 자신의 모습이 느껴졌습니다. 눈길을 어디에 두어야 할는지 몰라서 허둥지둥 사방을 둘러보았지요. 그런데 사람들은 여전히 거기 앉아 있었고 그들을 외면할 길이 없었습니다. 그때 내가 나가노에서 데리고 온 학생들이 눈에 들어왔어요. 그들 가운데 몇 학생이 안타깝고 동정어린 눈으로 내게 말을 건네고 있었습니다. "마이다 선생님, 우둔한 말씀을 하셨군요. 그렇게 말씀하시는 게 아니었어요." 그런가 하면 자기네 선생이 터무니없는 공격을 받고 있다고 생각했는지, 연민 가득한 눈으로 쳐다보는 앳된 여학생들도 있었습니다. 내가 나가노에서 가르치던 학생들의 안타까운 시선이야말로 가장 견디기 힘든 것이었어요. 다른 지방에서 온 사람들은 내가 너무나도 건방지고 뻔뻔스러웠기에 스승한테서 지적을 받아 마땅하다고, 그러니까 당연한 대우를 받고 있는 것이라고 생각했겠지요. 그러나 그들은 내 시야에 들어오지 않았습니다. 공개된 자리에서, 나를 너무나도 사랑하던 사람들 앞에서, 나는 톡톡히 창피를 당했습니다.

난생 처음으로 지독한 수치감에 사로잡힌 나는 마룻바닥이 꺼져 내 몸을 삼켜버렸으면 좋겠다고 생각했어요. 실제로 오른쪽 다다미를 내려다보며(왼쪽에는 선생님이 앉아 계셨거든요) 거기 구멍이 있으면 뛰어들고 싶었습니다. 그런데 구멍이 없더군요.

대중(大衆) 앞에서 설 자리(position)를 빼앗겨버린 나는 그래도 무슨 말인가 계속해야 했습니다. 달리 무엇을 어찌 해야 할는지 알 수 없었어요. 그래서 어색한 웃음을 지으며 잔뜩 구겨진 표정으로, 무슨 말을 하고 있는지도 모르면서, 한 동안 얘기를 계속했지요.

그렇게 5분인가 10분쯤 강의를 계속하고 있는데 선생님이 두 번째 공격을 개시하셨습니다. "사람을 죽이면서 피를 안 볼 수는 없다"는 속담처럼, 그분은 피할 틈도 주지 않고 인정사정없이 몰아치셨어요. 내게 남아 있는 마지막 위신을 짓밟아버릴 때까지 발길질을 멈추지 않으셨습니다. 그 순간 나는 생각했어요. '정말 성질 고약한 인간 아닌가? 이건 숫제 악마로군!' 무슨 충고할 게 있으면 이렇게 공개석상에서 망신을 줄 게 아니라 은밀히 불러서 말해줘야 하는 것 아닌가하고 속으로 불평도 했지요. 내 몸을 숨길 구멍이 아무데도 없기에 나는 소리 없이 울었습니다(겉으로 눈물을 보이지는 않았습니다만). 내 존재의 허망함과 초라함을 쓰디쓰게 절감(切感)하면서 몇 마디 더 중얼거리다가 그렇게 겨우 이야기를 마쳤습니다. 강단에서 내려올 때, 말도 안 되는 소리를 끊임없이 횡설수설 지껄였다는 느낌 밖에는 아무 생각도 나지 않더군요.

이렇게, 선생님은 나의 설 자리를 완전히 앗아가 버리셨습니다. 그리하여 무(無) 밖에는 아무것도 없는 곳에 홀로 서게 하시고, 나로 하여금 이 세상에는 내가 의존(依存)할만한 것이 없다는 사실을 깨닫게 하셨던 것입니다.

그것은 선생님의 보이지 않는 망치에 나의 존재가 산산조각으로 부서지는 경험이었습니다. 그분은 내 위신을 철저히 깨뜨려버리는 날카로운 말씀으로 언제나 나를 찌르셨습니다만, 그날 나는 처음으로 그 대단한 악마(great devil)를 상면(相面)했던 것입니다. 그 경험을 통하여 나는 선생님이 나에게 품으신 대자비심(大慈悲心)을 느낄 수 있었습니다. 그것이 대자비심 아니고 무엇이겠습니까? 그분은 아주 철저하게 이 세상에는 의존할 만한 것이 아무것도 없음을 나에게 가르치셨습니다. 나의 설 자리(position)를 완전히 앗아가 버림으로써, 나로 하여금 그 근본이 되는 가르침과 염불(念佛)의 진리를 깨달아 알게 하셨던 것이지요.

그분은 공중(公衆) 앞에서 나를 망신시킴으로써만 그 일을 이루실

수 있었습니다. 만일, 내가 속으로 바랐듯이, 서재로 나를 데리고 가서 거기서 훈계를 했다면, 나는 진짜 수치가 어떤 것인지 끝내 알지 못했을 것입니다. 그랬더라면, 진정 부끄러워해야 할 나의 정체(real self)를 결코 보지 못했을 것이며 나의 자아(自我)는 뿌리 뽑히지 않았을 것입니다.

선생님은 내 가면을 벗기고, 나를 대단한 선생으로 알고 있던 나 가노의 어린 학생들 앞에서 철저하게 망신을 줌으로써, 결국 내 눈을 열어주셨습니다. 당신의 대자비심을 악마의 칼처럼 휘두르셨던 것입니다. 그것은 정말 무자비하고 파괴적인 힘이었어요. 바로 그 순간 내 가슴은 선생님을 통하여 여래(如來)의 대자대비(大慈大悲)로 충만했지요. 내가 그분을 '평생의 선생님'이라고 부르는 이유가 바로 여기 있습니다. 자기 제자의 인격(人格)을 박살내는 일 말고, 스승이 제자에게 할 일이 무엇이겠습니까? 스승은 절대부정(絶對否定, absolute negation)입니다. 그뿐, 다른 아무것도 아닙니다. 이 절대부정을 만나는 것이 곧 참된 스승을 만나는 것입니다. 그 만남은 우리에게 일생일대(一生一大)의 큰 기쁨을 안겨줍니다.

아케가라수 스님은 도오쿄오의 코오코도 의숙(義塾)에 살던 3년 동안, 밤낮으로 키요자와 만시 스님의 보이지 않는 망치에 맞으셨습니다. 단 한번도, 키요자와 스님은 아케가라수의 생각을 인정(認定)하신 적이, 단 한번도, 없으셨지요. 그분은, 단 한번도, 그에게 동의하거나 그의 말이 옳다고 시인(是認)하지 않으셨습니다. 아케가라수가 키요자와 스님의 생각을 그대로 되풀이해서 말할 때조차, 키요자와 스님은 거침없이 그렇지 않다고, 그것은 더 이상 진실이 아니라고 말씀하셨어요. 그런 까닭에 아케가라수 스님은 발 딛고 설 자리가 없었지요. 두 분이 함께 사신 3년 세월의 마지막 날까지 그랬습니다.

사사건건 반대만 하고 그렇지 않다고만 하는 키요자와 스님 같은 인물 밑에서는 배울 것이 없다고 생각한 많은 젊은이가 코오코도 의숙(義塾)을 떠났지요. 아케가라수 스님은 가끔 "나는 키요자와 스님한테 끝까지 달라붙었지" 하고 웃으면서 말씀하셨습니다. 또 그분은 나에게, 당신이 키요자와 스님의 제자로서 누렸던 가장 큰 행복은 염불의 진리 곧 '서 있을 자리가 없음(no position)'의 진리를 배울 수 있었던 것이라고 말씀하셨습니다. 선생님은 언제나 당신을 반대하고 어느 한 자리에 서 있도록 내버려 두신 적이 없는 키요자와 스님의 친절(親切)을 너무나도 잘 알고 계셨어요. 끊임없는 부정(否定)만 있을 뿐, 인정(認定)이란 끝내 없습니다. 이것이 진짜 스승의 모습입니다. 참된 스승은 이런 방식으로만 존재합니다. 다른 길은 없습니다.

플라톤에게 소크라테스가 그런 스승이었지요. 신란(親鸞)이 요시미즈의 선원(禪院)으로 호오넨(法然)을 찾아가 거기 3년 동안 머물러 있을 때 호오넨은 신란에게 어떤 존재였을까요? 우리는 신란이 지혜로운 사람으로 유명한 호오넨의 날카로운 핀잔에 주눅 들어 있는 모습을 쉽게 그려볼 수 있습니다. 그런데 바로 그 날카로운 핀잔과 상대를 후벼 파는 말을 밤낮으로 듣는 중에, 신란은 마침내 흔적도 없이 말살(抹殺)되었습니다. 이렇게 해서 신란은 신란이 되었지요. 그리고 바로 이 때문에 신란은 호오넨을 평생의 스승으로, 여래(如來)의 현신(現身)으로 공경했던 것입니다. 여러분이 만일, 신란의 머리를 쓰다듬으며 장래가 촉망되는 젊은이라고 생각하는 호오넨의 모습을 상상한다면, 여러분은 스승과 제자의 참된 관계에서 너무나도 거리가 멉니다. 내 머리를 깨뜨려 부수는 일은 나를 능가하는 어떤 힘에 의해서 이루어지는 것입니다. 내 머리에 대하여 내가 할 수 있는 일은 아무것도 없습니다.

자아(自我)를 능가하는 힘을 경험하는 일, 철저한 무아(無我)를 경험하는 일은 진정한 영적 안내자를 만남으로써 우리에게 주어집니다. 키타 야수다에서 경험한 좌탈(坐脫)을 생각하면 선생님이 쏟아주신 그 크신 사랑에 대하여 뭐라고 감사해야 할는지 모르겠습니다. 그분은 나를 앉은 자리에서 죽여 버리셨습니다. 바로 그것이 나에게는 지상(至上)의 행운이었지요. '좌탈(坐脫)'이라는 말에서 나는 "즉시 오라!"는 부름을 듣습니다.

누가 나에게, 선생님한테서 무엇을 배웠느냐고 묻는다면 좌탈(坐脫)을 배웠다고 대답하겠습니다. 그것 말고는 그분이 가르치신 게 없습니다. 우리가 스승한테서 배울 것이 있다면 오직 이 한 가지 뿐입니다. 좌탈, 앉은 자리에서 죽는 것! 이것이 불교(佛敎)의 유일한 진리입니다. 선생님은 많은 말씀으로 나를 친절하게 가르쳐 주셨습니다. 그러나 가장 짧고 그러면서 가장 깊은 진리로 나를 강력하게 흔들어 버린 것은 바로 그 사건이었습니다. 그것은 절대부정(絶對否定)이었지요. 사람이 참된 스승을 만난다는 것은 쉬운 일이 아닙니다. 그래서 신란(親鸞)은, 부처님이나 다르마[法]에 자신을 내어 맡긴다는 것이 사람이 할 수 있는 일 가운데 가장 어려운 일이라고 말씀하셨던 것입니다.

무(無)

아케가라수 하야 스님은 학자(學者)들의 종교적 관점을 이렇게 비판하신 적이 있습니다. "학자들은 종교를 책에서 공부하지. 그러나 그들은 진짜 사람(a real human being)한테 깨어지는 법이 없어. 그들이 안 좋은 것은 그 때문일세. 그들은 철저하지 못해. 마이다 군(君), 자네와 나는 그들에 견주어 행운(幸運)일세. 진짜 사람을 만났으니까. 안 그런가?"

아케가라수 스님께서는 물론 키요자와 스님이 '진짜 사람' 이었지요. 그러나 그분이 "마이다 군, 자네는 진짜 사람을 만났으니 행운일세" 하고 말씀하셨을 때 그 진짜 사람은 누구를 가리키는 것이었을까요? 그 순간 나는 그분이 당신 자신을 두고 말씀하신다는 느낌을 받았습니다. 그분은 나를 깨뜨려야 한다는 당신의 사명(使命)을 다 하셨습니다. 내 느낌으로는 그분이 이렇게 말씀하시는 것 같았어요. "내가 자네를 깨뜨려 줄 참이니, 자네는 잘 될 걸세." 나는 그 순간 느꼈던 특별한 느낌을 결코 잊을 수 없습니다.

예, 그래요. 나는 아케가라수 스님이 친절하게 나를 깨뜨려 주신 것이 내 평생 겪은 가장 큰 행운(幸運)이었다고 생각합니다. 말로 표현할 수 없이 기쁜 해방감(感)과 자유(自由)가 거기서 왔습니다. 세상에서 진짜 사람을 만나는 것보다 더 기쁜 일이 있을까요? 진짜 사람을 만나서 그에게 완전히 깨어져 본 일이 없는 사람은 내가 지금 하는 말을 이해 못할 것입니다.

아무리 많은 책을 읽고 오랜 시간 생각을 해도 그래서 인간의 뿌리 깊은 자기-애착(self-attachment)이 뽑히지는 않습니다. 그래서 나는 진짜 사람을 만나지 못한 사람을 보면 마음이 안됐습니다. 내가 선생님을, 그러니까 진짜 사람을, 만날 수 있었던 것은 정말이지 엄청난 행운이었습니다.

나에게 선생님은 친절하게 타일러주는 진짜 사람이었습니다. 그 이상도 이하도 아니었어요. 때로 그분이 악마 두목이라는 생각이 든 적도 있었습니다. 그분이 내 약점(弱點)을 날카롭게 찌를 때는 무서웠지요. 미처 몰랐던 내 마음 깊은 부분이 드러나 밝혀질 때는 질겁했습니다. 그럴 때 나는 이 세상에 더 이상 설 곳이 없었습니다. 내가 딛고 서 있는 바탕이 무너져 내렸고 나는 완전히 묻혀버렸습니다. 그분은 내게 있는 모든 것을 가져가 버렸어요. 그러고는 바닥에 쓰러질 때까지 계속해서 짓밟고 걸어찼습니다. 그것은 나에게 이야마에 있는 자신의 암자(庵子) 부근 벼랑으로 하쿠인[白隱, 1685-1768, 臨濟宗禪師]을 걷어 차버린 늙은 쇼오주가 생각나게 했습니다. 우리 선생님은 그런 분이셨지요. 이것이 그분에 대한 내 추억의

골자(骨子)입니다.

아케가라수 스님은 나를 당신 제자로 여기셨던가? 아닙니다! 한번은 회중(會衆) 앞에서 나를, 교오토의 니시다 키타로오 박사님 제자로 소개하시더군요. 비록 나를 꾸짖고 타이르셨지만, 당신 제자로 여기고 그렇게 하신 것은 아니었습니다. 그분은 언제나 나를 당신과 동등한 한 인간으로 대하셨지요. 바로 이 인간 대 인간의 관계 속에서 그분은, 당신의 모든 것을 동원하여 나를 깨뜨려 부수셨던 것입니다.

그러면 나는 자신을 아케가라수 스님의 제자로 여겼던가? 역시 대답은 '아니' 올시다. 우리 둘 사이는 선생과 제자의 고정된 관계가 아니었습니다. 만일 내가 자신을 아케가라수 스님의 제자로 여긴다면 '제자인 나' 가 여전히 남아 있겠지요. 그런데 그런 '나(I)' 는 없습니다. 나는 그분 앞에서 '무(無, nothing)' 입니다(아무것도 아닙니다). 나는 그분의 제자도 아닙니다. 아무것도 없어요. 이것이 나의 솔직한 느낌입니다. 그래서 사람들이 나를 아케가라수 스님의 제자라고 부를 때 오히려 이상하게 생각됩니다. 선생-제자의 관계가 지속되는 한, 다르매Dharma, 法)가 선생한테서 제자한테로 전수(傳受)된다고 생각할 수 있겠지요. 그런데, 그분한테서 나한테로 전수된 다르마가 없는 겁니다. 아무것도 없어요. 나는 선생님 앞에서 그냥 무(無)입니다(아무것도 아닙니다).

다르매(法)의 전수(傳受)에 대하여 말하는 이들이 없잖아 있지요. 나는 그들을 참 한가로운 사람들이라고 생각합니다. 선생에 의해서 자기의 전존재(全存在)가 깨어진 사람에게 무엇이 남아 있겠습니까? 다르마조차도 없는 겁니다. 다만, 한 인간의 자아(自我, the self)가 완전히 깨어져버렸다는 '사실(the fact)'만이 남지요. 바로 그 때문에 지금 나는 선생님이 나를 완전하게 해방시키셨다고 말하는 것입니다.

나는 아케가라수 스님이 나에게 절대자유(絕對自由)를 주신 데 대하여 크게 감사드립니다. 나는 그분께 아무 빚진 것이 없습니다. 내가 그의 학생이기 때문에 따로 해야 할 일이 하나도 없어요. 내가 만일 나 자신이라면 그것으로 충분합니다. 내가 나 자신인 것 말고 무엇을 할 수 있겠습니까? 나는 남들에게 물려줄 그 무슨 다르마도 선생님한테서 전수(傳受) 받지 않았습니다. 나는 그냥 나 자신으로 살아갈 뿐입니다. 선생님이 남기신 시(詩)입니다.

넘겨 줄 '나의 다르마[法]'가 없네.
나의 학생'도 없네.
높은 하늘 반짝이는 별들이 있을 뿐.

노선[1]관(爐扇館)

문. 제가 듣기로는 아케가라수 하야 스님께서 노선관(爐扇館, December Fan Hall)이라는 기념관을 지으셨다던 데요, 맞습니까?

답. 예, 그래요. 당신의 절[寺] 마당에 그 홀을 지으셨습니다. 호오류우지[寺] 절에 있는 유메도노홀을 본땄지요.

문. 거기에 무엇이 모셔져 있습니까?

답. 홀 중앙 단(壇) 위에 아케가라수 스님의 선생이신 키요자와 만시 스님의 좌상(坐像)이 있습니다. 그리고 바닥에는 두 손 모아 선생님을 경배하고 있는 아케가라수 스님 좌상이 놓여 있지요. 그것이 홀 안에 있는 전부(全部)입니다.

문. 그 상(像)들이 뜻하는 것은 무엇일까요?

답. 두 상(像)을 세워 놓고, 아케가라수 스님은 이렇게 말씀하시는 겁니다. "나는 영원히 선생님을 경배할 것이다. 내 인생에 다른

---

1) 노선(爐扇) – 동선하로(冬扇夏爐)의 줄인 말로서 아무 데도 쓸모없는 물건이라는 뜻 키요자와가 말년에 스스로 지어 부른 자신의 호(號).

목적은 없다."

문. 그렇다면, 그것은 선생과 제자 사이에 내적(內的) 통교(通交)가 이루어지는 일종의 비밀스런 방(房)과 같은 것입니까?

답. 그래요. 그렇게 말할 수 있겠습니다. 아케가라수 스님은 마음을 한 데 모아 키요자와 스님만을 바라보고 있지요. 그분은, 홀로 선 사람이 어떤 사람인지를 보여주고 계신 겁니다. 홀로 서는 사람은 다른 사람들을 거들떠보지도 않지요.

문. 혹시 그런 모양으로 상(像)을 세워 놓은 선례(先例)가 있는지요?

답. 그와 같은 동상들이 전에 있었는지, 그건 모르겠습니다만, 정신적인 선례(先例)는 있습니다.

문. 그것이 무엇입니까?

답. 「탄니쇼(歎異抄)」 제6장에서 신란(親鸞)은 이렇게 말하지요. "나 신란에게는 제자가 한 명도 없다." 신란의 이 한 마디가 그 홀의 정신을 단적으로 표현한다고 할 수 있겠습니다.

문. 그 한 마디 말에 담긴 가르침은 무엇입니까?

답. 그것은 이런 가르침이지요. "홀로 선 자의 길을 가거라. 혼자서 가거라."

문. 그렇지만 그 홀에는 선생과 학생, 두 사람이 있잖습니까? 왜 '혼자'라고 말씀하시는지요?

답. 그게 가장 중요하고 또 어려운 점이지요. 학생이 선생 앞에 무릎을 꿇을 때, 선생 앞에 자신의 전존재(全存在)를 던질 때, 그에게는 더 이상 자신의 삶이 없습니다. 있는 것은 다만, 우주의 삶(the life of universe), 그의 삶이 송두리째 선생의 삶 속에 녹아버린 그런 삶이 있을 뿐이지요. 학생이 그런 '무아(無我)의 삶(selfless life)'을 살게 될 때 우리는 비로소 그가 홀로 서는 자의 길을 혼자서 간다고 말할 수 있는 것입니다.

문. 그렇다면, 아케가라수 스님이 키요자와 스님을 위대한 스승(master)으로 우상화(偶像化)하고 있는 것은 아니군요? 맞지요?

답. 물론 아니지요. 좀 강한 표현을 쓴다면, 키요자와 스님까지도 더 이상 거기에 존재하지 않는 겁니다. 다만 키요자와 스님의 사자후(獅子吼)가 있을 뿐이지요. "천상천하(天上天下)에 유아독존(唯我獨尊)이렷다!" 이 사자후(獅子吼)를 듣지 못한다면, 그 홀을 방문해 봤자 헛일입니다.

문. 그곳에 '둘'과 '하나'가 동시에 있다는 그런 말씀인가요?

답. 그렇습니다. 사람들은 거기에 가서 '하나'를 배워야 해요. 그런데 '둘'만 보려 하지요. 그래서 결과적으로, 아케가라수를 우상(偶像)으로 만드는, 그에게 비끄러매이는, 잘못을 저지르게 되는 것입니다.

문. 그것이 이른바, 선생에 대한 그릇된 의존(依存)이라는 건가요?

답. 맞아요. 사람들은 선생한테서 '절대자(the absolute)'를 보지 않습니다. 그저, 상대적인 인간만을 볼 뿐이지요. 말로는 선생을 통해서 '절대자'를 보아야 한다고 하면서도, 실제로는 한 인간에게 비끄러매이는 잘못을 저지르는 겁니다. 사람들이 [세계대전 이후 일본에 우후죽순으로 생겨난] 신흥종교에 빠져드는 이유가 거기 있어요.

문. 그렇다면 홀 중앙에 예배 대상(對象)으로 불상(佛像)을 모셔 놓으면, 아케가라수 스님의 뜻에 대한 사람들의 오해를 미리 막을 수 있지 않을까요? 어떻게 생각하십니까?

답. 아케가라수 스님은 우리가 그런 잘못을 저지르지 않을 것이라고 믿으셨습니다. 그래서 홀에 좌상(坐像) 둘만 앉혀 놓으셨지요. 우리가 조심하여 그런 잘못을 저지르지 않는다면, 구태여 다른 상(像)을 모셔 둘 필요가 없다고 봅니다.

문. 한 인간이 아닌 절대자(絶對者)를 바로 인식(認識)하는 것은 정말 어려운 일입니다. 그렇지 않습니까?

답. 그렇습니다. 그 기념관(hall)이 우리에게 베풀고 있는 가르침은 쉬운 것이 아닙니다.

너 자신이 되어라

1. 선생님의 가르침

누가 나에게, 아케가라수 스님한테서 무엇을 배웠느냐고 묻는다면 이렇게 대답하겠습니다. "내가 배운 것은 '너는 너 자신이 되어야 한다'는 것입니다."

이제 나는 남쪽 지방, 이나계곡으로 갑니다. ……그래서 나 자신이 되려고 합니다. 나는 아케가라수가 아닙니다. 다른 누구도 아닙니다. 나는 납니다. 그래서 내 길을 갑니다.

인생길을 걸으면서, 한 인간이 경험할 수 있는 가장 높은 기쁨과 가장 깊은 슬픔을 남김없이 맛보고자 합니다. 나는 내 인생을 꽉 차게 살고자 합니다. 가능한 만큼 자신의 인생에 충실코자 합니다. 이제 나는 내 인생의 깊이 속으로 파고 들어갈 것입니다.

때로, 어지러운 경험에 압도될 경우, 저도 모르게 선생님과 비교하고 있는 자신을 봅니다. 그분을 흉내 내려고 하는 자신을 봅니다. 그러나 그러고 있을 때 나는 자신의 인생을 잊어버리는 것입니다.

아직 제 발로 서지 못한 것입니다.

  그러면 나는 자신에게 돌아가야 할 필요를 느끼고 자기-살펴보기를 재개(再開)합니다. 나의 존재 안으로 들어가 자신의 인생을 다시 발견합니다. 이런 소리가 내 귀에 들려옵니다. "단호하게 선생님을 넘어가라! 그에게 매달려 있지 말아라!"

  천상천하(天上天下)에 오직 하나 뿐인 인간
  그가 바로 나 아닌가?
  나보다 먼저 간 자들 속에서는
  가야 할 나의 길을 찾을 수 없구나.

  아무리 무모하게 보일지라도
  아무리 가망 없어 보일지라도
  이 세상을 살다간 인간들 가운데
  그 누구도 밟아보지 못한 길을
  지금 나는 탐사하려 한다.
  그것은 절대 어둠 속을 뚫고
  뻗어나간, 절대 광명의 길.

  선생께서 엄숙하게 말씀하신다, "가거라!"
  죽음의 아가리에 이 몸을 던져 넣기나 하듯
  나를 향해 소리치신다, "네 길을 가거라!"

2. 생명력

광효혜각(光孝慧覺)이 법안(法眼) 스님을 찾아 왔을 때 스님이 물으셨다.
"요즘 어디서 떠나 오셨소?"
"조주(趙州)에서 왔습니다."
"듣자하니, 조주 스님께서는 '뜰 앞 잣나무(庭前栢樹子)'라는 말씀을 하셨다던데, 그렇소?"
"그런 일 없습니다."
"오가는 사람들이 모두 말하기를, 한 스님이 조주 스님에게 묻기를 '무엇이 달마 대사께서 서쪽에서 오신 뜻입니까?' 하자, 뜰 앞 잣나무다라고 했다' 던데, 스님은 어째서 그런 일 없다고 하시오?"
"조주 스님께서는 실로 그런 말씀하신 적이 없습니다. 스님께서는 조주 스님을 비방하지 말아야 할 것입니다."
법안 스님이 말씀하셨다.
"이 사람 광효(光孝)야말로 사자새끼로구나."

광효혜각(光孝慧覺)은 조주(趙州)의 직계 제자입니다. 조주스님의 잣나무 얘기를 모를 리 없습니다. 그런데 그는 법안(法眼)에게, 조주 스님은 그런 말씀 하신 적이 없다고 말합니다. '사무차어(師無此語, 스승은 그런 말씀 없으셨다)'라는 선문답(禪問答)이 여기서 나온 것이지요.

선생 – 제자의 관계가 제대로 되어 있다면, 제자가 선생 흉내 내는 것은 용납되지 않습니다. 제자가 자기를 고양(高揚)하는데 선생을 사용해서는 안 됩니다. 조주(趙州) 아닌 자가 조주인 척하고 설교를 해서는 안 되는 것입니다. 광효(光孝)는 지금 자기 선생을 발로 짓밟고 서 있습니다. 완전한 자기 자신으로 서 있습니다. 홀로 서 있는 겁니다. 조주(趙州)의 흔적은 어디에도 없습니다.

우리는 가끔 말하지요. "그분은 이렇게 말씀하셨고 이분은 저렇게 말씀하셨다." 그러나 신란(親鸞)은 「탄니쇼(歎異抄)」 2장에서 밝히 말씀하십니다. "이 신란에게 있어서는……"

진리는 언제나 개인적(individual)이고 내성적(內省的, introspective)이며 주관적(subjective)인 방법으로 표현됩니다. 우리는 그것을 '생명력(lan vital)'의 첨단(尖端)이라고 부를 수 있을 것입니다.

나 자신은 어떠한가? "아케가라수 스님이 이렇게 저렇게 말씀하셨다"고 말하면서 아케가라수 스님께 흐뭇한 기분으로 기대고 있는 것은 아닌가? "우리 선생은 그런 말씀 없으셨다." 이 한 마디 말이 망치되어 나의 안이(安易)를 깨뜨립니다. 생명 자체가 또는 진리 자체가 나에게 묻습니다. "좋다. 아케가라수 스님은 그렇게 말씀하셨다. 그러면 너는 무엇이라고 말하느냐? 네 인생을 설명할 수 있는 한 마디 말, 그것이 무엇이냐?"

자기 선생님은 그런 말씀 하신 적 없다고 말할 때, 광효혜각(光孝慧覺) 자신이 잣나무로 거기 서 있었던 것입니다. 이러한 주관적 전이(轉移)—선생의 자리에서 자신의 자리로 옮겨지는 전이—에 의해서 종교 진리는 파악될 수 있습니다. 종교 진리는 언제나 우리에게 말합니다. "너 자신으로 서라!" 그러기에 "나는 나다(I am I)"라는 외침이 이른바 사자후(獅子吼, 부처님의 외침)로 되는 것입니다. 종교는 우리로 하여금 사자후(獅子吼)를 토(吐)하게 합니다.

3. 철저한 홀몸

아케가라수 스님이 입적(入寂)하셨습니다. 그분은 더 이상 세상에 계시지 않습니다. 우리가 아무리 애타게 불러도 우리 귀에 들리는 음성으로는 대답하시지 않습니다.

그래서 우리는 아케가라수 스님의 자리에 서서 우리 자신에게 말하려고 합니다. 그러나 그것은 앵무새처럼 선생님을 흉내 내는 것일 뿐입니다. 우리는 남들에게나 자신에게나, "아케가라수 스님이 이렇게 말씀하셨다"고 얘기하려 합니다.

그것은 예수를 대신해서 말하려고 하는 것과 같습니다. 예수는 '사랑'이라는 단어를 쓰셨지요. 그러나 누가 과연 그 단어에 똑같은 의미를 담을 수 있겠습니까? 서양 속담에, "세상에는 크리스천이 단 한 명 있었다. 그는 십자가에 달려 죽었다."는 말이 있습니다.

아케가라수 스님이 우리에게 당신의 전존재(全存在)를 기울여 가르치신 것은 이것입니다.

"너 자신이 되어야 한다!"

우리 자신의 자아(自我)를 분명히 인식(認識)합시다. 그것은 선생님으로부터 완전 독립된 것입니다.

조심하지 않다가 어떤 모양으로든 아케가라수가 되어서는 안 됩니다. 선생님은 우리가 당신 흉내 내는 것을 용납하시지 않습니다. 그분은 철저한 홀몸입니다.

그러면 이제 우리는 무엇을 해야 할까요? 자신의 내면 깊은 데서 들려오는 음성에 귀를 기울입시다. 자신의 가장 깊은 욕망을 따라갑시다.

선생님이 웃으면서, 그러고 있는 우리를 지켜보실 것입니다. 그리고 격려하실 것입니다.

"할 수 있는 대로, 자네들 좋아하는 것을 하시게!"

선생-학생 관계에 대한 단상(短想)

1. 가장 큰 행복

이 세상에 태어난 뒤로, 우리의 가장 큰 소망은 참 사람[眞人]을 만나는 것입니다. 우리가 만일 그런 사람을 만난다면, 그것으로 다입니다. 더 바랄 게 없지요. 그런데, 그 사람은 오직 한 사람이어야 합니다. 우리 인생은 그를 만남으로써 목적을 이루게 됩니다. 그 만남에서 우리네 인생의 가장 큰 행복이 발견되는 겁니다.

그러면, 어떻게 해야 그런 사람을 만날 수 있을까요? 우선, 그런 사람 만나기를 간절한 마음으로 바라지 않는다면, 만날 수 없습니다. 사람은 마땅히 그런 사람 만나기를 강하게 바라도록, 그렇게 양육되어야 한다는 뜻으로 드린 말씀입니다.

그렇게 양육된 사람은 참 사람 찾는 일에 몰두할 것이고, 그렇게 찾으면 반드시 참 사람이 그에게 나타날 것입니다. 사람마다 참 사람 만나게 되는 업연(業緣)이 다르다 해도, 그것은 진리입니다. 바로 이 만남으로 말미암아 한 사람의 행복이 이 세상에서 완성될 수 있는 것입니다.

그런데 아직 참 사람을 만나지 못한 사람들, 진리를 아직 모르는 사람들, 그래서 아직 인생의 참된 행복을 경험하지 못한 사람들이 있음은 얼마나 슬픈 일인지요! 그런 사람을 끝내 만나지 못한 채 생을 마치는 사람들이 있음은 얼마나 슬픈 일인지요!

2. 선생님 밑에서 배우라!

한 문화 안에서 무엇을 창조한다는 것은, 배우는 사람에게만 가능한 일입니다. 그리고 우리가 자신의 역사적 문화에 접목될 수 있으려면 반드시 어떤 '한' 사람을 통해서 배워야 합니다. "선생님 밑에서 배우라"는 원리가 중요한 까닭이 여기에 있습니다. 예컨대, 젊은 괴테의 틀을 만들고 그것을 완성해 준 사람은 헤르더[Herder, 1744~1803, 독일 철학자]였습니다.

문화에 본질에 관하여 진지하게 생각하는 사람은 한 선생님 밑에서 배웁니다. 그렇게 하지 않는 사람은 결코 문화를 창조 못합니다.

"선생님 밑에서 배우라!" 이 한 마디는 한 인간의 인간다운 삶이, 그리고 그의 문화적인 삶이, 무엇을 바탕삼아 이루어지는 것인지를 보여줍니다. 바로 이 바탕 위에서 사람들은 참된 행복을 발견할 수 있는 겁니다.

3. 법(法, the Dharma)은 두 사람 사이로 흐른다

가섭존자(迦葉尊子)가 부처님께 사뢰었다. "여래(如來)여, 제가 만일 당신을 만나 뵙지 못했더라면 저는 연각(緣覺)쯤 되어 숲 속에서 홀로 살았을 것입니다. 그런데 다행스럽게도 부처님을 만나 뵙고 법(法)의 통교(通交)를 알게 되었습니다."

연각(緣覺)이란 혼자서 깨달아 자신의 '교리(敎理, Dogma)'를 완성한 사람을 가리킵니다. 마하가섭(摩訶迦葉)은 지금, 자기가 만일 부처님을 만나지 못했더라면 스스로 만든 교리적 깨달음(dogmatic awakening)에 사로잡혀 있을 것이라고 말합니다.

"다행스럽게도 당신을 만나 뵙고 법(法)의 통교(通交)를 알게 되었다"는 말은 그가 부처님을 만남으로써 두 사람 사이로 흐르는 보편적이며 생명력 넘치는 진리를 이해할 수 있게 되었다는 뜻입니다.

두 사람이 만나, 모든 인간이 [어리석은] 범부(凡夫)라는 진실 안에서 하나로 될 때 법(法)의 통교(通交)는 이루어지는 것입니다.

마하가섭의 깨달음은 스승인 석가모니를 만났을 때 비로소 가능했습니다. 그것은 한 선생과 한 학생의 참된 관계 속에서만 가능합니다.

저는 소크라테스의 대화들을 생각해봅니다. 진리는 두 사람 사이로 흐릅니다. '법의 통교(Dharma communion)'는 이를 가리킵니다.

4. 정신적 통교(通交)

언제 사람은 부처 되겠다는 소망을 품는 것일까요? 이 질문에도 오겐(道元)은 대답합니다. "선생과 정신적 통교(spiritual communion)

를 경험할 때 그렇게 된다." 정신적 통교에 대하여 좀 더 생각해 봅시다.

정신적 통교는 두 사람 사이의 업연(業緣) 속에서 생겨납니다. 인간관계 바깥에서는 생겨날 수 없는 거지요.

그러나, 부처 되겠다는 소망을 품게까지 하는 그런 인간관계는 어디서 이루어질 수 있을까요? 그것은 오직 역사적 상황 안에서, 역사 속의 문화적 전통에서만 이루어집니다.

문화적 전통은 인간의 자기-깨달음의 전통입니다. 인간의 자기-깨달음의 전통이란 한 사람에게서 다른 사람에게로 세월을 따라 전이(轉移)된 자기-깨달음입니다. 그러므로 정신적 통교는 참 사람과 만나는 것을 의미합니다. 사람이 참 사람을 만나지 못하면, 부처되겠다는 소망을 품을 수 없습니다. 참 사람이란 선생을 뜻합니다.

그러기에 어떤 사람이 선생을 만나지 못했다면 그는 부처되겠다는 소망을 품기는커녕 그런 것이 있는 줄도 모릅니다. 그는 자기-깨달음이 무엇인지 이해 못합니다. 참된 자기-깨달음이란 참 사람을 만나서 자기 파멸을 경험하는 것입니다. 바로 이 철저한 자기 파멸에서 우리는 절대 무(無)에 대한 자기-결단을 끌어낼 수 있지요.

이렇게 해서 자기-깨달음이 이루어집니다. 선생을 만나지 않고서는, 자기-깨달음은 결코 이루어질 수 없습니다. 그런 만남이 없으면, 부처 되겠다는 소망이 생겨나지를 않는 겁니다. 그러니 이제, 부처 되겠다는 소망을 품는 것이 곧 참된 자기-깨달음을 의미한다는, 그밖에 다른 아무것도 아니라는, 사실이 밝혀진 셈입니다.

5. 주관적 무(無)

책을 읽고 경(經)을 읽고 주석(註釋)과 법문(法文)을 읽고 그것들을 자신의 변덕스런 입맛에 맞추어 이러쿵저러쿵 판단하는 일은 도무지 쓸데없는 일입니다. 우리의 모든 논지(論旨)가 한 인간에 의하여, 한 영적(靈的) 안내자에 의하여 산산조각으로 부서지지 않는 한 우리는 석가모니의 주관적 무(subjective nothing)가 무엇을 뜻하는지 결코 이해 못할 것입니다. 우리가 머리로 궁리하여 무(無)를 이해할 수 있다고 말하는 사람이 없잖아 있습니다. 그러나 미안하지만 그 무(無)는 진짜 무(無)가 아닙니다. 영적 안내자를 만나지 않고서는 참된 무(無)의 근처에도 이를 수 없습니다.

신란(親鸞)은 호오넨(法然) 밑에서 삼 년간 공부했습니다. 그동안에 얼마나 지독하게, 얼마나 가차 없이, 호오넨은 신란을 날마다 순간마다 부수었던가! 그것을 생각하면 몸을 떨지 않을 수 없습니다. 그러나 그것이 없었더라면, '홀로 선 사람' 신란은 태어나지 못했을 것입니다. 신란이 호오넨을 평생 스승으로 받들어 섬긴 것은 그의 모든 것이 호오넨에 의하여 박살났기 때문입니다 ……그러기에 우리는 무(無)에 대한 참된 인식이, 단순히 가르침을 받아들이는 것이라는 사실을 압니다. 그것은 「탄니쇼」 제6장의 다음 한 문장에 잘 표현되어 있습니다. "나, 신란에게는 제자가 한 명도 없다." 이것이 신란의 무(無)인 것입니다.

6. 참된 무(無) 경험

도오겐(道元)은 선생을 뒤 따를 필요성에 대하여 말할 때 자연스럽게 당신의 선생이셨던 여정(如淨)을 생각하고 있었습니다. 그와 만난 일을 회상하며 도오겐은 이렇게 말했지요. "내 생애 가장 중요한 일, 나의 구도행(求道行)이 끝났다." 우리는 이 한 마디 말을 젖혀 두고서는 그의 깨달음에 대하여 말할 것이 없습니다.

선생과 학생의 참된 만남은 다만 한 가지 사실을 의미합니다. 한 사람의 인격이 다른 한 사람 앞에서 산산조각 깨어지는 것이 그것입니다. 한 인간의 모든 것이 한꺼번에 사라져 없어지는 것 말고 다른 무슨 순수종교체험이 있겠습니까? 학자들(scholars)의 머리에서 인식되는 종교체험이란, 그것이 어떤 것이든, 의미 없습니다.

무(無)로 된다는 것은 머리로 그려보는 어떤 것이 아닙니다. 그것은 우리 전존재(全存在)가 선생에 의하여 모두 날아가 버릴 때 실제로 경험하게 되는 어떤 것입니다. 그것이 참된 무(無)입니다. 선생을 만나서 바로 그 무(無)를 경험하는 것 말고 어디서 우리가 참된 깨달음을 얻을 수 있겠습니까?

한 예(例)로, 참된 깨달음은 우리 자신이 세상에서 가장 사악(邪惡)한 인간이라는 사실을 통절히 깨닫는 것을 의미합니다. 이 사실을 깨달아 알기 전에는 무(無)를 경험 못합니다. 만일 어떤 사람이 말하기를, 무념무상(無念無想)의 선정(禪定)에 들어 무(無)를 경험할 수 있다고 한다면, 그보다 더 그릇될 수 없는 일이지요.

7. 진리는 부정(否定)한다

진리는 우리가 싫어하는 무엇입니다. 그것은 우리에게 안락한 것도 아니고 견딜 만한 것도 아닙니다. 우리의 기대를 정면으로 꺾어 버립니다. 우리의 자아(自我)를 부정(否定)하고 죽여 버립니다. 한 마디로, 그것은 우리 앞에 우리의 적(敵)으로 출현합니다. 우리에게 그럴싸하게 나타나는 것은 가짜입니다. 우찌무라 간조오[1861~1930, 일본 그리스도교 사상가] 선생은 이렇게 말했지요. "나를 칭찬하는 자는 모두 나의 적이다."

진리는 다만 적(敵)으로, 부정(否定)하는 자로, 나타납니다. 벗으로, 인정해주는 자로는 결코 나타나지 않습니다.

진리는 악마 같은 무엇입니다. 만일 그것의 악마성(diabolical nature)을 인식하지 못한다면, 당신은 진리를 모르고 있는 것입니다. 진리의 한 쪽 면(面)만 보고 그것의 파괴적인 성격을 보지 못한다면, 당신은 진리를 잘못 알고 있습니다. 천박하고 표피적인 어떤 것을, 비진리(非眞理)를, 진리로 알고 있는 것입니다.

8. 선생 없이 홀로 깨달음

불교는 전통 문화로부터 배우기를 강조한다는 점에서 매우 과학적입니다. 예컨대, 불교에는 쉰 세 분 부처님이 앞서 계셨다는 교리가 있습니다.

석가모니는 고대 인도문화의 역사 속에서 자기 자신을 발견했습니다. 석가모니 이전에 베다경(經)과 우파니사드경(經)이 없었다면,

그들이 그를 양육하지 않았다면, 석가모니는 세상에 없었을 것입니다.

 석가모니는 선생 없이, 홀로 깨달음을 얻은 것으로 알려져 있습니다. 그러나 그것은 전승된 문화로부터 아무 영향도 받지 않았다는 뜻은 아닙니다. 그가 선생 없이 홀로 깨달았다는 말은 전승된 문화로부터 모든 것을 배운 뒤에 새로 한 발을 내디뎠다는 뜻입니다. 그의 새롭고 창조적이고 독특한 진일보(進一步)를 두고 우리는 그가 선생 없이 홀로 깨달음을 얻었다고 말하는 것입니다.

 마찬가지로, 쇼오토쿠 태자(聖德太子)는 석가모니께로부터 배우고 거기서 한 발 내디뎠습니다. 신란은 호오넨한테 배우고 한 발 내디뎠지요. 베토벤이나 괴테 같은 사람들에게도 같은 말을 할 수 있습니다. 이 모든 위대한 개인들(great individuals)은, 그들의 선인(先人)들로부터 배운 바 없었다면, 존재할 수 없었을 것입니다.

인생의 백 팔십도 회심(回心)을 위한 조건

⟨1⟩

무상(無常)을 인식(認識)하면 모든 것이 해방됩니다. 해방이란 무상(無常)이 되는 것이요 무상(無常) 자체로서 작용하는 것입니다. 그런 뜻에서 존재하는 모든 것이 이미 해방되었습니다. 왜냐하면 지금 있는 그대로 존재하는 것이 이미 무상(無常)으로서 작용하고 있는 것이니까요. 풀, 나무, 물고기, 곤충 같은 것들은 이미 해방되었습니다. 단지 사람은 무상(無常)을 인식함으로써 이 해방을 경험합니다(또는 깨어납니다). 무상(無常)한 존재가 무상(無常)한 존재임을 스스로 알게 되는 것을 인식(認識, recognition)이라고 합니다.

인생의 근본문제는 인식을 통해서, 행위나 수련이 아니라 인식을 통해서 해결될 수 있습니다. 그래서들 해방은 수행(practice, 行)의 문제가 아니라 이해(understanding, 信)의 문제라고 말하는 것입니다. 그것은 미래에 있지 않습니다. 현재 이 순간에 있습니다. 행위 또는 당위(當爲)는 미래와 연결되는 바가 있습니다만 해방은 영원한 오늘(eternal now)에 있습니다. 해방이 인식의 문제라고 말씀드린 까닭이 여기 있습니다. 우리로 하여금 영원한 생명을 곧바로 인식하여, 우리가 지금 영원한 오늘을 살고 있다는 사실을 알게 하는 것은, 그것은 인식(recognition)입니다. 다른 게 아닙니다.

우리가 인식(認識)으로 인(因)하여 인생을 백팔십도 돌아설 때, 온전히 자유로운 삶이 가능해집니다. 온전히 자유로운 삶은 우리의 노력으로 실현되는 것이 아닙니다. 그것은 인식으로 말미암아 이루어지는 무엇입니다.

〈2〉

그러면 우리는 어떻게 무상(無常)을 인식할 수 있을까요? 인식이 이루어지는 것은 자아(自我, the self)가 떨어져 나가 없어질(drops off) 때입니다. 예를 들어, 석가모니는 보리수 아래에서 [깨달음을 성취했을 때] 인식(認識)을 경험했습니다. 신란(親鸞) 역시 스승 호오넨(法然)을 만났을 때 그것을 경험했습니다. 그분은 이렇게 말씀하셨지요. "잡다한 종교의 이런저런 수행(修行)을 포기하고 나는 [아미타의] 본원(本願)에 의지처를 두었다." 그것은 또한 도오겐(道元)이 여정선사(如淨禪師) 밑에서 수행할 때에 실현되었습니다. 선사(禪師)는 다른 수도승이 도오겐과 나란히 앉는 것을 엄하게 꾸짖었다고 합니다. 도오겐이 여정(如淨)을 찾아뵙고 말했습니다. "저의 심신(心身)이 모두 떨어져 나가 없어졌습니다." 그때 선사(禪師)는 도오겐에게 다음과 같이 말하는 것으로 대화를 마쳤다고 합니다. "그 없어지는 것 또한 없어져야 해!"

이분들 모두 우리에게 백팔십도 회심(回心)을 보여주십니다. 그것은 "회심(回心)은 일생에 단 한번 있는 것"(「歎異少」16장)이라는 문장에 언급된 바로 그 회심입니다. 이 철두철미한 변화를 겪지 않고서는 온몸으로 무상(無常)을 인식하지 못합니다. 따라서 우리가 물어야 할 두 번째 질문은, 어떻게 하면 백팔십도 회심(回心)을 실현할 수 있느냐는 것입니다.

〈3〉

백팔십도 회심(回心)은 어떻게 이루어지는 걸까요? 그것은 우선 생로병사(生老病死)라는 인생의 고(苦)를 목격(witness)할 때, 그래서 그 고(苦)를 벗어나는 길을 모색할 때, 그 길을 보여줄 선생을 찾아 나설 때, 선생의 가르침을 따라 그 길을 탐색할 때, 마침내 그 길을 발견할 때 이루어집니다. 마지막에 길을 발견하는 것을 일러, 선생 없이, 홀로 깨달음을 이룬다고 합니다. 또는 자신의 참 본성(本性)을 스스로 이해하는 순수한 독자적 성취(personal attainment)라고도 합니다.

법장보살(法藏菩薩, Bodhisattva Dharmākara)이 스승인 세자재왕불(世自在王佛, Buddha Lokeśvararāja)님께 부처 되는 길을 여쭈었을 때, 그가 얻은 대답은 "너 스스로 그것을 알아야 한다"는 것이었습니다. 그렇게 선생 없이 혼자서 깨달음을 성취하라고 용기를 북돋아주셨던 것입니다. 사람은 자기의 참 본성(本性)을 자기 스스로 이해 또는 발견해야 합니다. 호오넨을 만나 그 밑에서 공부한 신란(親鸞)은 마침내, 선생 없이 홀로 깨달음을 얻었습니다. 그는 이 경험을 자신의 독특한 필치로 「교행신증(敎行信證)」 여섯 권에 담았습니다. 석가모니 한 분만 선생 없이 혼자서 깨달음을 성취하신 게 아닙니다.

백팔십도 회심(回心)에는 네 가지 조건(condition)이 있습니다. 1) 고(苦)를 벗어나려는 욕망을 품고 2) 길을 찾고 3) 스승을 찾고 4) 혼자서 성취하는 것이 그것입니다. 이 넷은 하나라도 빠져서는 안 되는 것들입니다. 이제 그것들에 대하여 좀 더 자세히 이야기해보기로 하겠습니다.

〈4〉

사람이 떠들썩 북적거리는 일상생활(日常生活)에 파묻혀 있으면 인생의 고(苦)를 벗어나려는 욕망(desire)이 싹트지 않습니다. 아주 고요한 시간들이 있어야 합니다. 그리고 그 고요한 시간들을 소중히 활용하여 인생의 실체들(realities)을 주의 깊게 살펴보아야 합니다. 그렇게 할 수 있도록 마련된 환경과 분위기에서 양육(養育)되어야 합니다. 고요한 시간이 마련되지 않으면 자신의 삶을 관찰할 수 있게 하는 마음의 평정(平靜)을 얻지 못합니다.

인생의 고(苦)를 벗어나려는 욕망은 어떻게 양육되는가와 깊이 연관되어 있습니다. 가족에 의해서, 지역사회와 전통문화에 의해서 양육되어야 합니다. 역사의 장(場)에서 양육되어야 합니다. 그렇지 않고서는 고(苦)를 벗어나려는 욕망이 생겨날 수 없습니다. 자아(自我)를 능가한 어떤 힘에 의해서 양육되어야 합니다. 다른 말로 하면 순경(順境)에서 자라나야 한다는 말입니다. 반드시 이와 반대되는 상황(逆境)이라야 고(苦)에서 벗어나려는 욕망이 생기는 것은 아닙니다. 오히려 그 반대가 흔히 있는 경우입니다. 고(苦)에서 벗어나려는 욕망은 순경(順境)에서 생깁니다. 예를 들어 석가모니를 보십시오.

〈5〉

길을 찾는 것은, 예수님이 "찾아라, 얻을 것이다. 문을 두드려라, 열릴 것이다" 라고 말씀하셨는데 바로 그 찾고 두드리는 것입니다. 찾고 두드리는 일 없이 백팔십도 회심(回心)은 이루어지지 않습니다. 사람이 길을 찾고 두드릴 때에 비로소 스승을 찾으려는 간절한 마음이 생깁니다. 석가모니를 보십시오. 도오겐(道元)을 보십시오. 세례자 요한을 보십시오. 그는 예수를 만났습니다. 그리고 호오넨(法然)을 보십시오.

석가모니는 생전(生前)에 마지막 스승(ultimate teacher)을 모시지 못했습니다. 그러나 그는 몇몇 선생을 찾아보았고 그들 밑에서 열심히, 그들을 존경하는 가운데, 진지하게 공부했습니다. 도오겐은 바른 선생을 찾아 송(宋)나라 넓은 땅을 두루 헤매었지만 찾지 못했습니다. 그리하여 실망 끝에 일본으로 돌아가려고 배를 기다리고 있는데 어떤 사람이 천동산(天童山)에 있는 한 수도승을 찾아보라고 일러주었습니다. 이 우연한 업연(業緣)으로 도오겐은 천동산을 올랐던 것입니다. 그 업연(業緣)이 아니었더라면 도오겐은 스승을 만나지 못했겠지요. 호오넨(法然)은 같은 시대 사람들 가운데서 선생을 찾을 수 없었습니다. 그러나 당대(唐代) 고승(高僧) 선도(善導, 613~681)가 쓴「관경소(觀經疏)」를 읽은 뒤로 호오넨은 선도(善導) 스님께 자신을 온전히 의탁하노라 천명했던 것입니다. 이렇게 호오넨에게는 글을 통해 배우는 것이 살아계신 스승을 모시고 배우는 것과 같았습니다.

이분들을 통해서 우리는 업연(業緣)의 작용(作用)을 보게 됩니다. 어떤 때는 업연이 살아있는 스승을 만나게 하지만 또 어떤 때는 그것을 허락하지 않지요.

〈6〉

백팔십도 회심(回心)의 마지막 조건인 독자적 성취(personal attainment)는 더 이상 자기 능력을 의존하지 않게 되는 것을 의미합니다. 오랫동안 자기 노력과 능력으로 그 길을 찾고자 애써 온 끝에 문득 자아(the self)를 능가하는 어떤 힘에 의하여 그 길이 이미 자기에게 주어져 있음을 깨닫게 됩니다. 이제 그는 자신의 모든 노력이 쓸모없으며 무의미한 것임을 알고 그것들을 포기합니다. 그리고 목전(目前)에 있는 [무상(無常)의] 진리를 좇아서 살기 시작합니다. 그는 진리로 되는 것(becoming the truth)이 곧 자신의 삶이라는, 그러니까 자기가 진리로써 살게끔 되어 있다는, 단순한 사실을 인식합니다. 이러한 깨달음을 얻는 것이 곧 독자적 성취인 것입니다. 그것은 진리가 사람 몸에 옹글게 배어드는, 그래서 더 이상 자기 능력을 의존하지 않게 되는, 경험입니다.

석가모니한테는 그가 새벽 별을 보고 있을 때 이 독자적 성취가 이루어졌습니다. 도오겐(道元)에게는 "내 생애 가장 중요한 일, 나의 구도(求道)가 여기서 [如淨禪師를 만나는 순간] 끝났다"고 말할 때 이루어졌지요. 신란(親鸞)에게는 "잡다한 종교의 수행을 포기하고 [아미타의] 본원(本願)에 의지처를 두었다"고 말할 때 이루어졌습니다.

이분들 모두 진리와 다른 모든 것이 이미 그들을 위해 존재하고 있었다는 사실을 인식(認識)한 것입니다. 그들이 따로 하거나 만들거나 발견할 것이 없었습니다. 모든 것이 그들을 위해 준비되어 있었지요. 모든 것이 완벽하게 마련돼 있었습니다. 모든 것이 이미 완성되어 있었습니다. 이것을 인식하고 자아(自我, the self)가 없어지는 것을 옹글게 경험하는 것, 그것을 독자적 성취라고 말합니다. 이것이 백팔십도 회심(回心)입니다.

⟨7⟩

자기 능력을 더 이상 의존하지 않는 것을 일컬어 백팔십도 회심(回心)이라고 합니다. 나의 경우에는, 석가모니가 이미 모든 진리를 다 밝히셨다는 사실을 분명히 인식했을 때 심신(心身)이 함께 떨어져 나갔습니다. 그때까지 나는 자신의 철학 체계를 가져야 하며 그것을 스스로 세워야 한다고 생각했습니다. 그런데 석가모니가 모든 진리를 밝히셨다는 사실을 인식하는 순간 어깨에서 무거운 짐이 벗겨지는 느낌이었어요. 석가모니가 모든 것을 이미 준비해두셨습니다. 진리가 석가모니를 통하여 완벽하게 자신을 드러냈습니다. 더 보탤 것이 없었지요. 내가 할 유일한 일은 석가모니를 따르는 것, 그분 말씀대로 사는 것입니다. 그를 따르는 것은 진리 자체를 따르는 것입니다. 그것은 진리의 계시였습니다. 나는, 기대 밖에, 석가모니 안에서 진리를 만났습니다.

불자(佛者)는 마땅히 석가모니를 따라야 한다고 말씀드리지는 않겠습니다. 그러나 불자(佛者) 반드시 진리(the truth)를 따라야 합니다. 나는 진리를 찾아다녔습니다. 그리고 놀랍게도, 이십 오 세기쯤 전에 석가모니에 의하여 그 진리가 발견되었다는 사실을 문득 깨달았습니다. 내가 새삼스럽게 철학적 탐구를 할 필요가 어디에 있습니까? 내 어깨를 짓누르던 짐은 모두 날아가 버렸습니다. 이 깨달음으로 나는 다시 태어났습니다. 나는 새로운 존재가 되어 쉽고 평탄한 삶을 살고 있습니다.

⟨8⟩

우리는 석가모니를 따라서, 선생 없이, 홀로 깨달음을 이루어야 합니다. 진리 자체를 인식해야 합니다. 나에게는 석가모니가 영적 안내자(spiritual guide)입니다. 석가모니는 신란(親鸞)에게도, 그를 진리 자체인 아미타에게 이끈 영적 안내자였습니다. 진리 그 자체(truth itself)를 보는 것은 잊어버리고 영적 안내자만 의존하는 것을, 영적 안내자에 대한 그릇된 의존(또는 우상화)이라고 합니다.

이나바 성(省)의 겐자를 이끌어 준 영적 안내자는 보다이지[寺]절에 있던 한 수도승이었지요. 겐자는 '경이로운 사람'으로 알려져 있습니다. 그러나 겐자는 자기 선생을 우상으로 만들지 않았습니다. 호오넨(法然)은 신란의 선생이었습니다. 호오넨은 신란이 진종상승(眞宗相承)의 조사(祖師)로 정한 일곱 분 고승(高僧) 가운데 마지막 분이었지요. 그러나 신란도 호오넨을 우상으로 만들지 않았습니다.

석가모니에 의하여 진리가 나에게 드러났을 때 나는 나의 전존재(全存在)가 떨어져 나가 없어지는(dropping off) 것을 경험했습니다. 그것은 나의 백팔십도 회심(回心)이었습니다. 지금도 그것을 깨달았을 때 경험했던 기쁨을 잊을 수 없습니다. 그것은 나를 힘들게 하던 모든 짐이 갑자기 벗겨지는 느낌이었습니다. 나 자신을 위한 철학 체계를 만들어야 한다던 고집스런 생각이 홀연 사라져버린 것입니다. 아아, 얼마나 쉽고 풍요하고 완전하고 조화로운 세상이 석가모니를 통하여 나에게 주어졌던가! 동시에 나는 석가모니 안에서 온 세계를 보았습니다.

⟨9⟩

　신란(親鸞)은 아마도 「무량수경(無量壽經)」을 통해 이 해방감(感)을 느꼈을 것입니다. 그도 틀림없이 무거운 짐이 벗겨지는 것을 경험했겠지요. 도오겐(道元)은 여정선사(如淨禪師)를 통해서 그것을 경험했습니다. 도오겐과 신란은 그들의 경험을 남에게 나눠주고 싶었습니다. 그래서 「정법안장(正法眼藏)」과 「교행신증(敎行信證)」을 쓰게 된 것입니다. 그들은 진리를, 석가모니가 밝혀준 진리를, 남에게 물려주고자 했지요. 나도 같은 느낌입니다. 내가 석가모니를 예배하는 것은 그가 위대한 성인(聖人)이기 때문이 아닙니다. 나에게 결정적으로 중요한 것은 석가모니를 통해 계시된 진리입니다.

　진리가 계시되기 전에는 나의 자아(the self)가 별로 중요한 것이 못되었습니다. 그게 다입니다. 나는 석가모니주의(Śākya-muni-ism)도 부처주의(Buddha-ism)도 불교주의(Buddha- teachingism)도 주창하지 않습니다. 내 앞에는 오직 한 길, 진리로 통하는 길이 있을 뿐입니다.

⟨10⟩

　인생의 근본 문제를 해결하기란 쉬운 일이 아닙니다. 이나바 성(省)의 겐자는 열아홉에 부친을 여의었는데 그에게 남긴 부친의 유언은, "내가 죽거든 부디 네 진짜 부모님[아미타]을 의지하거라" 였습니다. 그 뒤로 겐자는 십 년 동안 고뇌에 찬 구도(求道)의 세월을 보냈지요. [그들의 편안하고 평탄한 생활태도로 유명한] 세칭(世稱) '경이로운 사람들'이 태어나기까지는 이런 어려움이 있었던 것입니다.

도오겐은 그의 책 「보권좌선의(普勸坐禪儀)」에서 석가모니 같은 천재도 고행(苦行)과 명상으로 여섯 해를 보내야 했다고 말합니다. 우리 또한 인생의 근본 문제를 풀기 위해 오랜 세월 구도(求道)의 험한 길을 부지런히 걸어야 합니다. 그러나 그 문제를 해결하는 일이 너무나도 중요해서 아무리 어렵다 해도, 그래서 그것을 망각해 버릴 수는 없는 일이지요.

나는 예수님이 세례자 요한을 만나기 전까지, 일 년 남짓(아니면 길어야 삼년쯤) 계속된 공생활(公生活)을 시작하기 전까지, 힘든 구도(求道)의 과정을 거치셨다고 생각합니다. 비록 예수님의 성장기에 관한 기록은 없지만, 그분은 틀림없이 서른 살 되기까지 구도(求道)의 길을 부지런히 걸었을 것입니다. 인생의 근본 문제를 해결하는 일은 누구에게나 쉽지 않습니다.

신란은 이행(易行)을 말합니다. 그러나 그 이행(易行, the Easy-Path)은 신란이 어렵게 구도의 길을 걸은 끝에 비로소 도달한 평상심(平常心)의 경지[있는 그대로 모든 것이 옳다는 깨달음]인 것입니다. 따라서 그가 말씀하신 이행(易行)은 게으른 자들이 꿈꿔보는 그런 것이 아닙니다. 나아가, 선사(禪師) 남전보원(南泉普願)은 "평상심(平常心)이 곧 도(道)라"고 말씀하셨거니와 그 또한 힘들고 괴로운 구도(求道)의 과정을 결정(結晶, crystallization)시켜 말씀하신 것이었습니다.

좋으신 분의 말씀

"이 신란(親鸞)에게 있어서는, 다만 염불(念佛)을 하여 아미타 부처님의 구원을 입어야 한다고 하신, 좋으신 분 호오넨 성인(法然聖人)의 말씀을 받아, 이를 그대로 믿을 뿐, 그 외에 각별한 사연을 갖고 있지 못합니다."
(「탄니쇼(歎異抄)」 제2장)

신란(親鸞)은 당신의 스승 호오넨(法然)에게 '좋으신 분(the good person)'이라는 호칭을 씁니다. 신란에게 있어서 '좋으신 분'은 당신의 한 분 밖에 없는 선생님을 가리킵니다. 온몸과 마음을 기울여서 배우는 선생님이지요. 그 좋으신 분과 맺는 관계는 한 여인이 남편과 맺는 관계 비슷합니다. 여인은 남편을 사랑하고 그리고 마침내 한 몸이 됩니다. '좋으신 분(요키히토)'이란 말은 '고귀한 사람(카잔)'이라는 말과 뿌리가 같습니다. '좋으신 분' 이라! 얼마나 근사한 말인지요!

선생-학생 관계는 사랑에 빠진 두 연인의 관계와 같지요. 한 사람이 자기 전존재(全存在)를 상대한테 내어주는 거예요. 사뽀로에 있는 농업학교에서 우연히 그리스도교 선교사를 만났기에, 우치무라 간죠오씨(氏)는 자신의 일생(一生)을 그리스도교에 바쳤습니다. 오직 예수님께 자신을 바쳤던 우치무라 씨는, 자기 뜻에 따라, 신란(親鸞)에게 자신을 내어줄 수도 있었습니다. 제가 이런 말씀을 드리는 데는 그럴 만한 근거가 있습니다. 그분 글에 이런 제목으로 쓴 게 있지요. '내 신앙의 벗들-겐신(源信), 호오넨(法然) 그리고 신란(親鸞)'.

누구에게 자기를 내어 맡길 것인지를 결정짓는 일은 우연(偶然)입니다. 어떤 여자도, 태어날 때부터 남편감을 선택했다고는 말할 수 없지요. 마찬가지로, 누구도 어느 분을 선생님으로 모실 것인지에 대하여 미리 말할 수 없는 겁니다. 누구에게 자기를 내어 맡길 것인지, 그것을 정하는 데는 우연(偶然)이 결정적 역할을 합니다. 우연히 작용하지 않으면 진정한 신뢰감(感)이 생겨날 수 없습니다.

우리가 자신의 전존재를 던져버리는, 캄캄한 어둠 속에 뛰어드는, 그런 아찔한 경험을 하게 되는 것은 순전히 '우연한 사건들' 때문이지요. 운명(運命)의 주사위가 던져졌다는 그런 생각이 들 때, 사람은 쉽게 자신의 일생(一生)을 선생에게 내어주고, 그와 더불어 목숨 건 구도행(求道行)에 나서는 것입니다. 신뢰에 생명을 넣어 주는 것은 바로 '우연(偶然)'입니다.

어떤 대상에게 쏟는 우리의 사랑은 우리 맘대로 좌우되지 않습니다. 그것은 윤리의 문제가 아닙니다. 우리의 의도와 계획을 초월합니다. 우리는 그것을 여래(如來)의 섭리(working) 또는 불가사의한 업연(業緣)이라고 부르지요. 어쨌든, 그것은 '인간의 능력을 초월하는 힘'이 하는 일입니다. 그것은 거대한 우주의 생명(the great life of universe)으로 뚫고 나아감(breakthrough opening)이며, 우리는 그것을 직면(直面)하고 있습니다. 이 뚫고 나아감 또는 어떤 결정적 경험은, 어디까지나 우연(偶然)인 것입니다.

뚫고 나아감이 비록 우연으로 이루어지기는 하지만, 그것은 우리를 거대한 우주의 생명으로 이끌어 갑니다. 우주의 생명은 참된 것이지요. 그것만이 유일한 현실(現實, reality)입니다. 우리가 그것과 만나게 되는 것 또는 그것에 의존하게 되는 것은 우연(偶然)이 아닙니다. 그것은, 우주의 생명 쪽에서 볼 때, 필연(必然)입니다. 여기에 참된 신뢰의 필연적인 면(aspect)이 있습니다. 참된 신뢰에는, 그 무엇으로도 흔들리거나 어지럽힐 수 없는, 요지부동 단단한 면이 있는 겁니다. 실로, 참된 신뢰는 후퇴(後退)를 모른다고 말씀드릴 수 있겠습니다.

"좋으신 분의 말씀을 받아들이고 신뢰하는 것"으로 묘사되는 선생과 학생의 관계는, 앞에서 말씀드린 연인 관계와 흡사한 바 있습니다. 연인 관계를 미루어서 그것을 이해할 수 있지요. 그러나 한 가지 다른 점이 있습니다. 연인 관계에서는 내가 사랑하는 그 사람(person)이 중요하지요. 그러나 선생-학생 관계에서는 선생을 통하여 빛을 비추는 '법(法, the Dhama)'이 중요합니다. "그분 말씀을 받아들이는 것" 그것이 중요하다는 말씀입니다. 신란(親鸞)은 호오넨(法然) 안에서 아미타 부처님을 보았습니다. 그냥, 호오넨(法然)이라는 사람을 본 게 아닙니다.

학생이 선생안에서 '법(the Dharma)'을 보지 못할 때, 이른바 '선생에 대한 잘못된 의존'이 생겨나는 겁니다. 선생이 가지고 있는 것들 가운데 가장 중요한 것은 '법(法)'입니다. 그의 인격도 재질도 아닙니다. 법(法)이, 염불(念佛)을 통하여 아미타 부처님의 구원을 입는다는 법(法)이, 가장 중요한 것입니다. 우리는 선생이 당신 몸으로 체현(體現)하고 있는 '법(法)'에 곧장 다가가야 합니다. 사람이 아니라, 인격이 아니라, 법을 봐야만 합니다. 직접 여래(如來)를 만나야 하는 거예요.

여기서 말하는 '법(法)'은 우주의 생명 바로 그것입니다. 그것이야말로 우리가 눈길을 모아 자세히 봐야 하는 대상이지요. 우리는 그것에 의존해야 합니다. 그것은 사람이 아닙니다. 선생은 우리에게 "나한테로 오라!"고 말하지 않습니다. 그는 언제나 이렇게 말하지요. "나를 관통하여 법(法)으로 나아가라!" 이 사실을 한 순간도 잊어서는 안 됩니다. 선생이란, 그것을 통하여 우주의 생명인 법과 우리가 만나는, 열려있는 통로(通路)입니다.

선생은 우리로 하여금 거대한 우주의 생명을 향하여 깨어나게 합니다. 여자를 사랑하는 남자에게 있어서, 이 생명과 그의 관계는, 헤겔의 술어를 빌려서, '안 시크(an sich, 그 자체 안에)'입니다. 그러나 선생-학생 관계에서 학생과 우주 생명의 관계는, '휘르 시크 (frsich, 그 자체를 위하여)'지요. 곧, 스스로-깨어남(self-awakenig)의 문제인 것입니다. 선생은 학생으로 하여금 선생을 의존하게 하지 않습니다. 그로 하여금 우주의 생명에 의존하고 그래서 참된 홀로서 기를 얻게 하지요. 우주의 생명에 의존하여 홀로 서기—이것이 (선생에 대한) 참된 신뢰(genuine trust)의 내용인 것입니다.

신란(親鸞)이 문장 첫머리에 단호한 어조로 "이 신란에게 있어서는," 하고 말씀하신 데는 깊은 까닭이 있습니다. 선생은 우리를 홀로 서게 해주는 사람입니다. 문자 그대로, "좋으신 분"이지요.

"내 비록 속는 일이 있다 해도……"

도오겐(道元)은 이렇게 말씀하십니다. "오류(誤謬)에 빠지기 쉬운 사람이 오류에 빠질 수 있음을 의지처로 삼는다(Being fallible, one takes refuge in fallibility)." 이 말씀은 마치 사람이 잘못을 저지르고 또 잘못을 저지른다는 말처럼 들립니다. 그러나 반대로, 「정법안장(正法眼藏)」의 한 '소(疎)'는 이렇게 말합니다. "오류에 빠지기 쉬운 사람이 오류에 빠질 수 있음을 의지처로 삼는다. 이 말은 해방의 내용(the content of liberation)을 서술하고 있다."

나는 도오겐의 이 말씀을, 「탄니쇼(歎異抄)」 제 2 장으로 풀어 보고자 합니다.

먼저, "오류에 빠지기 쉬운"의 '오류'는 자신이 저지를 수 있는 잘못을 가리킵니다. 그것은 다음 문장 속의 '내[親鸞]'를 말합니다.

"염불(念佛)을 하는 것이 과연 정토(淨土)에 왕생할 인(因)인지 아니면 지옥에 떨어질 업(業)인지, 나 는 도무지 모릅니다"(「탄니쇼」 2장).

이 '나' 야말로 오류에 빠지기 쉬운 바로 그 사람 아닙니까? 미혹(迷惑)에 빠지기 쉬운 바로 그 사람 아닙니까?

다음으로, "오류에 빠질 수 있음을 의지처로 삼는다"의 '오류'는 남이 저지를 수 있는 잘못을 가리킵니다. 그것은 신란(親鸞)의 스승 호오넨(法然)이 저지를 수 있는 잘못입니다. 스승 호오넨에 관련하여 신란은 이렇게 말하고 있습니다.

> "내 비록 호오넨 성인(法然聖人)한테 속아서 염불을 했다가 지옥에 떨어진다 하더라도, 나는 후회하지 않을 것입니다."

어째서 호오넨이 "오류에 빠질 수 있는" 것일까요? 그가 신란을 속일 수 있기 때문입니다. 그가 신란을 기만하는 일은 얼마든지 있을 수 있습니다. 사람들을 속일 가능성을 지니고 있다는 사실 자체가 벌써 '오류에 빠질 수 있음'을 말해주고 있는 것입니다.

여기서 신란은 호오넨을, 오류에 빠질 수 없는 사람으로, 절대 잘못을 저지르지 않는 사람으로, 이해하고 있지 않습니다. 신란 본인의 눈이 욕망과 열정으로 뒤섞여 있기 때문에 그의 눈에 비친 호오넨의 모습[像]은 흐릿하고 몽롱합니다. 신란이 색안경을 쓰고 있기에 그가 보고 있는 호오넨은 같은 색깔입니다. 잘못 볼 수 있는 신란의 눈에는 그의 선생 또한 잘못을 저지를 수 있는 사람으로 보입니다. 그래서 신란과 호오넨의 관계를 말로 표현하면, "오류에 빠지기 쉬운 사람이 오류에 빠질 수 있음을 의지처로 삼는다"가 됩니다.

그 두 사람 사이에는 오직 '오류에 빠질 수 있음'만이 있습니다. 그밖에 아무것도 없습니다. '오류에 빠질 수 있음'이 유일한 현실(reality)입니다. 그것은 온전하고 순수한 '오류 가능성'입니다. 그래서, "이 말은 해방의 내용을 서술하고 있다"는 주석(註釋)이 가능한 것입니다.

반대로, 신란이 이렇게 말했다고 생각해봅시다. "호오넨은 절대 잘못을 저지를 수 없는 분이시다!" 그 말이 뜻하는 바가 무엇이겠습니까? 그것은 오류(어둠)와 진실(밝음)이 서로 맞서는 이분법(二分法, dichotomy)을 보여주고 있거니와, 그런 관계 안에서는 해방이 있을 수 없습니다.

만일 신란이 호오넨을 그런 식으로 보았다면, 정말 이상한 일이 아닐 수 없습니다. 스스로 오류에 빠질 수 있는 사람이라고 말한 신란이 스승 호오넨에 관하여 분명하고 틀림없는 판정을 내리고 있는 셈이니까요. 그렇게 되면 신란의 '오류에 빠질 수 있음'이 참된 것일 수 없습니다. 그런데 현실에서는, 신란이 호오넨한테 배우면서 그가 진짜인지 가짜인지 모르겠다고 말하는 것입니다.

내 식으로 표현하자면, 신란은 지금 이렇게 말하고 있습니다. "내가 시방 잘못을 저지르고 있는 것일 수도 있습니다만 그래도 나는 호오넨 성인께로 나아갑니다." 한 사람이 자기 생애를 다른 한 사람에게 맡길 때에는 이렇게 하는 것입니다. 참된 신뢰는 생애를 거는 것입니다. 판단의 문제가 아닙니다. "오류에 빠지기 쉬운 사람이 오류에 빠질 수 있음을 의지처로 삼는" 것은 한 사람의 생애를 다른 사람의 생애에 맡기는 일입니다. 그것은, 말하자면 두 사람의 생애가 아무 조건 없이 결합되는 것입니다. 그것을 일컬어 참된 신뢰라고 합니다.

예를 들어, 한 여자가 남자와 혼인을 맺는다 합시다. 그것은 여자가 남자에게 자신의 인생을 맡기는 것이요 그래서 두 사람의 생애가 조건 없이 하나로 결합되는 것입니다. 혼인이야말로 참된 신뢰가 어떤 것인지를 보여줍니다. 나아가 우리는 인간의 모든 결합(unions)에 대해서 같은 말을 할 수 있습니다. 예컨대, 버스를 탈 때 우리는 전혀 모르는 사람인 버스 기사에게 목숨을 맡깁니다. 그러므로 우리는 한 사람이 다른 사람과 결합하는 것이 "전혀 다르고 독립된 실체들(entities)의 만남"이요, 절대 이어질 수 없는 것들의 이어짐, 또는 논리(論理)로 해명되지 않는 결합임을 압니다. 두 사람의 결합이 절대 이어질 수 없는 것들의 이어짐인 까닭에 우리는 그것을 참된 신뢰라고 부릅니다. 온 세계가 그와 같은 결합으로 구성되어 있기에 이 세계는 참된 신뢰로 이루어진 세계라 불릴 수 있을 것입니다. 우리는 이미 참된 신뢰로 이루어진 세상에 살고 있습니다. 남자와 여자 사이에서 뿐만 아니라 모든 곳에서 우리는 참된 신뢰를 봅니다.

다시 선생-학생 관계를 말해봅시다. 나는 이렇게 말하겠습니다. "우리는 흔히 자기 선생을 '진짜' 선생으로 여기고 있다. 그러나 사실은 그가 과연 진짜 선생인지 가짜 선생인지 모른 채로 그에게 배우고 있는 것 아닌가?" "오류에 빠지기 쉬운 사람이 오류에 빠질 수 있음을 의지처로 삼는다" 야말로 참된 선생 -학생 관계의 유일한 바탕(the only basis)입니다. 이 순진(純眞)한 관계가 이루어지지 않는다면, 참 선생은 존재할 수 없는 것입니다.

"오류에 빠지기 쉬운 사람이 오류에 빠질 수 있음을 의지처로 삼는다" 는 말은 순진한 헌신(獻身)이 어떤 것인지를 보여줍니다. 그런 까닭에 이 말을 "해방의 내용"이라고 하는 것입니다.

우리가 자신을 가리켜, 오류에 빠지기 쉬운 존재 아닌 다른 어떤 존재로 과연 설명할 수 있는 것일까요? 쇼오토쿠 태자(聖德太子)는 말했습니다. "내 어리석은 머리로 알 수 없다." 신란도 자신을 가리켜 "어리석은 민머리 신란"이라고 했습니다. 그들은 자신이 오류에 빠지기 쉬운 존재임을 알았던 것입니다. '오류에 빠질 수 있음(fallibility)' 말고 다른 무엇을 (오류에 빠지기 쉬운) 우리의 의지처로 삼을 수 있겠습니까?

우리는 잘못을 저지를 수 있습니다. 그러나, 그래서, 우리는 오류에 빠질 수 있음을 의지처로 삼지 않을 수 없습니다. 이것이 우리가 살아가는 기본 양식(the basic way) 아닙니까? 이것이 인간의 삶 맡바닥을 받치고 있는 원리(principle) 아닙니까? "오류에 빠지기 쉬운 사람이 오류에 빠질 수 있음을 의지처로 삼는다" 는 우리네 인생의 기본 성격을 보여주고 있습니다. 인생(人生)이란 참된 신뢰(genuine trust) 바로 그것입니다. 나는 "오류에 빠지기 쉬운 사람이 오류에 빠질 수 있음을 의지처로 삼는다" 가 참된 신뢰의 내용을 보여주고 있다고 말하지 않을 수 없습니다. 우리는 실제로 "오류에 빠지기 쉬운 사람이 오류에 빠질 수 있음을 의지처로 삼는다"에 우리 생애를 맡기고 순간순간 살아가고 있는 것입니다.

나는 「정법안장(正法眼藏)」에서 "오류에 빠지기 쉬운 사람이 오류에 빠질 수 있음을 의지처로 삼는다"를 발췌하여 도오겐(道元)과 신란(親鸞)이 근본에서 같고 또 하나임을 설명코자 했습니다. 선종(禪宗)과 진종(眞宗)이 서로 다르다고 생각하는 이들은 이 말을 어떻게 해석할는지요?

선종(禪宗)에서는 깨달음(enlightenment)을 가장 중요한 것으로 여기는데 그것을 '오류에 빠질 수 있음(fallibility)'과 동일시합니다. 얼마나 존귀한 '오류 가능성'입니까? 그렇습니다. 오류에 빠질 수 있는 것입니다! 이 한 마디, '오류에 빠질 수 있음'이야 말로 도오겐의 정수(精髓)입니다. 쇼오토쿠 태자도 "[어리석은] 범부(凡夫)"라는 말을 쓸 때 같은 내용을 담았던 것입니다. 신란은 한 걸음 더 나아가 "욕망과 고통으로 가득 찬 [어리석은] 범부"라고 썼습니다. 우리의 해방은 자신을 이 '오류 가능성'에 일치 시킬 수 있느냐 없느냐에 달렸습니다. 내가 과연 오류에 빠지기 쉬운 존재 말고 다른 무슨 존재일 수 있을까요? 이 세상에 살고 있는 사람으로서, 오류에 빠지기 쉬운 존재 아닌 다른 무슨 존재로 살아가는 이가 있을까요? 나는 "오류에 빠지기 쉬운 사람이 오류에 빠질 수 있음을 의지처로 삼는다는 말은 해방의 내용을 서술하고 있다"는 주석(註釋)을 높이 평가하지 않을 수 없습니다.

나는 앞에서 "오류에 빠지기 쉬운 사람이 오류에 빠질 수 있음을 의지처로 삼는다"는 말은 인생(人生)의 밑바닥을 받쳐주고 있는 원리라고 했습니다. "오류에 빠지기 쉬운" 사람은 자신입니다. "오류에 빠질 수 있는 사람"은 남[他人]입니다. 그러므로 "오류에 빠지기 쉬운 사람이 오류에 빠질 수 있음을 의지처로 삼는다"는, 자신과 남의 하나됨(oneness)인 것입니다. 이제 우리는 이 세계가, 하나의 진실, '오류에 빠질 수 있음'이라는 진실(truth)을 드러내 보여주는 장소임을 알았습니다. 이 깨달음으로 우리는 자신이 평화롭고 밝은 세상에 살고 있음을, 우리가 이미 해방되었음을, 발견하게 됩니다.

"나 신란에게는 제자가 단 한 명도 없다"

아무리 존경하는 선배(先輩)들의 말씀이라 해도, 만일 우리가 그들의 이 말씀 저 말씀을 함께 듣고자 한다면, 그것들은 객관적 논리의 문제일 뿐입니다. 그렇게 할 때 우리의 주된 관심은 그들의 가르침을 받는 데 있지 않습니다. 우리는 자기 자신을 탐색하는 일이 아니라 선배들의 말을 가지고 토론하는 데 재미를 보고 있는 것입니다.

선배들의 말을 인용코자 한다면 마땅히 '한 말씀'만 인용해야 합니다. 그리고 우리의 자아(自我, the self)가 그 말씀을 정직하고 당당하게 직면(直面)해야 합니다. 우리의 자아(自我)를 실험대 위에 올려놓고 선배의 날카로운 말씀으로 그것을 꼼꼼히 파헤쳐 보아야 합니다. 그렇게 할 때 비로소 우리는 제대로 가르침을 받고 있는 것입니다.

만일 내가 "신란(親鸞)은 이렇게 말씀하셨고, 그것은 예수님의 이런 말씀과 비슷하며, 도오겐(道元)은 같은 생각을 다른 각도에서 이렇게 말씀하셨다"고 말한다면, 진열장에 여러 물건을 늘어놓고 보여주는 사람과 다를 바 없겠지요. 단순하게 구경꾼들 틈에 섞여 있는 겁니다. 나의 이 '나'(this self of mine) 혼자서 가르침을 받아야 합니다.

이 선배의 이 말씀과 저 선배의 저 말씀을 나란히 놓고 그 사이의 논리적 연관을 조사하여 밝혀낸다는 게 도대체 무슨 소용입니까? 나 자신의 해방이 결정적 문제로 걸려 있는 판에 그게 다 무슨 소용이냔 말입니다. 선배들 말씀의 논리적 연관이 아니라 역사적 연관이라 해도 마찬가지입니다. 한 선배의 말씀에 있어서, 중요한 것은 그것이 다른 선배의 말씀과 역사적으로 어떻게 연관이 있는가가 아니라 그 말씀이 과연 내 영혼을 실제로 구원해주고 있느냐 여부(與否)인 것입니다. 논리적 탐구나 역사적 연구 따위는, 해방될 필요가 없는 한유(閑裕)한 사람들의 무익(無益)한 사업(useless undertaking)입니다.

신란(親鸞)이 쓴 「교행신증(敎行信證)」을 읽는 사람들도 무익한 조사(調査) 연구의 위험에 쉽사리 빠져들 수 있습니다. 우리는 차라리 「탄니쇼(歎異抄)」를 통하여 우리네 삶의 피 흐르는 단면도(斷面圖)를 직면함으로써 바로 이 순간 자아(自我)의 실체(reality)를 똑바로 보아야 합니다. 나는 「탄니쇼(歎異抄)」가 단편적 말씀들을 모아놓은 책이어서 고맙습니다. 우리로 하여금 본문을 객관적 논리의 관점에서 보게 하는 위험이 미연지전(未然之前)에 방지되어 있기 때문입니다.

누가 이렇게 말한다 쳐봅시다. "신란(親鸞)이 자신을 가리켜서 '어리석은 민머리 신란'이라고 부른 것은 호오넨(法然)이 자신을 가리켜 '바보 호오넨'이라고 불렀기 때문이다. 나아가, 우리는 이와 같은 자기 묘사의 연원(淵源)을 쇼오토쿠 태자(聖德太子)의 저술에서 찾아볼 수 있다. 자신의 「법화경(法華經)」 주석에서 쇼오토쿠 태자는 '내 어리석은 머리로 알 수 없다'고 했으며 「17조 헌법(十七條憲法)」에서도 '우리는 모두 [어리석은] 범부(凡夫)'라고 했다." 도대체 이런 말이 어디에 소용이 있습니까? 우리로서는 이런 자기 묘사들 가운데 하나를 제대로 만나 그것이 우리의 자기 망상을 단번에 깨뜨려준다면, 그로써 충분한 것입니다. 내가 나의 '어리석은 민머리'를 알기 위하여, '어리석은 민머리들'의 계보, 역사, 논리 따위를 알아야 할 이유가 어디에 있습니까?

니콜라우스 쿠자누스[Nicolaus Cusanus, 1400~64, 독일 신비주의 철학자]는 "무지(無知)의 지(知)"[knowledge of ignorance, docta ignorantia]에 대하여 말했습니다. 우리가 만일 그것을 객관적으로 본다면, 그것은 무지(無知)의 지(知)가 아니라 무지(無知)의 지(知)에 대한 지(知)가 됩니다. 무지(無知)의 지(地)는 단순히 머리를 숙이고 "나는 아무것도 모른다(I am ignorant)"고 말하는 것입니다. 마찬가지로, 신란이 자기를 가리켜 어리석은 대머리라고 불렀다는 사실에 '관하여 안다'는 게, 그게 무슨 소용입니까? 더구나, 그 말의 전통, 계보, 역사, 논리 따위를 아는 것에 무슨 의미가 있단 말입니까?

선배들의 말씀인 고전(古典)을 인용할 때에는 그것을 인용하고 싶어 하는 자신의 마음을 주의 깊게 살펴보아야 합니다. 전통적으로 불자(佛者)들의 논쟁에서는 먼저 고전(古典)을 인용한 쪽이 지는 것으로 되어 있습니다. 여기에는 매우 깊은 뜻이 있다고 생각합니다.

더욱이, 우리가 고전을 인용한다 하더라도 과연 그것을 제대로 알고나 인용하는 것일까요? 예수님은 '사랑'이란 말을 사용하셨습니다. 그러니 나는 사랑이란 말을 인용할 수 있습니다. 그러나 그분의 사랑과 나의 사랑은 하늘 땅 만큼이나 다른 것입니다. 누군가 이렇게 말했다지요. "이 세상에 진짜 크리스천은 오직 한 사람 있었다. 그는 십자가에 달려 죽었다." 참 적절한 말씀입니다.

나는 선배들 말씀을 줄줄이 인용하는 사람이 싫습니다. 그렇게 선배들 말씀을 인용하면서 은근슬쩍 자신을 그분들과 같은 줄에 세우고 있는 것 아닌가 의심스럽습니다.

자신의 해방이 관련된 이상, 우리는 언제 어디서나 오직 한 분 선생님을 모셔야 한다고 생각합니다. 그러기에 나는 우찌무라 간조오(內村鑑三) 선생이 예수님 말씀을 자주 인용한다고 해서 그 때문에 마음이 불편하지는 않습니다. 우찌무라 선생은 예수님을 당신의 유일한 스승으로 모시면서 항상 그분과 얼굴을 마주하고 계신 것입니다.

마찬가지로 나는 신란(親鸞)이 「교행신증(敎行信證)」에서 많은 인용문을 열거하지만 그 때문에 마음이 거북하지는 않습니다. 그분이 그렇게 하시는 것은 항상 당신을 상대해주시고 더불어 상의(相議)해주시는 여래(如來, Tathāgata)를 면대(面對)하고 있기 때문입니다. 그렇지 않다면, '신권(信卷)' 끝에 가서 다음과 같이 갑작스럽고도 자연발생적인 고백을 할 수 없었을 것입니다. "나는 이것을 내 마음 밑바닥에서부터 안다. 참으로 슬픈 일이다! 어리석은 대머리 신란(親鸞)이여……." 이른바 학자들(scholars)의 논문(論文)에서는 그런 자연발생적 고백이 중간에 발견될 수 없는 일이지요. 신란이 열거한 인용문은 모두 여래(如來) 바로 그분의 말씀인 것입니다.

중요한 한 가지는, 나 혼자서, 다른 누구도 아닌, 나 혼자서 가르침을 받는다는 사실입니다. 나는 나의 선생님[아케가라수 스님]과 항상 얼굴을 마주하고 있어야 합니다. 이 기본자세를 망각할 때 남들에게 다르마[Dharma, 法]를 설교(說教)하기 시작하는 겁니다. 그리하여 선생-심리(teacher-mentality) 또는 설교자-심리(preacher-mentality)에 빠져드는 것이지요.

나는 나에게 말하지 않을 수 없습니다. "선생님한테 배우기를 한 순간이라도 멈추어서는 안 된다. 나는 이 세상에 해방되기 위해 남겨진 유일한 인간이다." 내가 나에게 이 말을 할 때, 그리하여 나의 상태를 분명히 인식(認識)할 때, 문득 나는 자신이 이미 해방되어 있음을 보게 됩니다. 이것이야말로 불가사의(不可思議)한 해방이지요. 나는 이를 신란(親鸞)의 다음 한 마디에서 배웠습니다.

"나, 신란에게는 제자가 단 한명도 없다!"

남의 선생 되기를 거절함

「탄니쇼(歎異少)」에서 신란(親鸞)은 이렇게 말합니다.

전수염불(專修念佛)하는 동붕(同朋) 사이에, "이는 내 제자다, 저는 그의 제자다" 하고 언쟁을 합니다만, 있을 수 없는 일입니다.
나, 신란(親鸞)에게는 제자가 한 명도 없습니다. 하기는 나의 재량(裁量)으로 누군가에게 염불을 시킬 수 있었다면야 그를 내 제자라고 할 수 있겠지요. 그러나 아미타 부처님에 의하여 염불을 하게 된 사람을 내 제자라고 한다면, 말이 안 됩니다.
사람들이 만나는 것은 만나게 되어 있는 업연(業緣) 때문입니다. 사람들이 헤어지는 것도 헤어지게 되어 있는 업연 때문이지요. 그러므로, 어떤 사람이 한 선생을 떠나 다른 선생 문하(門下)에서 염불을 한다고 하여 그가 정토(淨土)에 왕생(往生)할 수 없다고 말해서는 안 되는 것입니다. 그렇게 말하는 사람들은 지금, 여래(如來)께서 주신 신심(信心)을 자기네가 준 것인 양 도로 가져갈 수 있다고 말하는 것일까요? 말이 안 되는 소리올시다.
어떤 사람이 자연(自然)의 이치(理致)에 조화를 이루어 산다면, 그는 한량

없는 부처님의 자비와 선생님의 자비에 깊이 감사하게 될 것입니다(제 6 장).

이제부터 이 장(章)을 풀이해 보겠습니다.

<전수염불(專修念佛)하는 동붕(同朋) 사이에, "이는 내 제자다, 저는 그의 제자다" 하고 언쟁을 합니다만, 있을 수 없는 일입니다.>

"전수염불(專修念佛)하는 동붕(同朋)들"이란 자력(自力)으로 자신을 계발코자 했다가 그 노력이 아무런 실효도 거둘 수 없음을 알고 절망한 사람들을 가리킵니다. 결국, '염불'을 외는 것 말고는 구원받을 다른 방편이 없는 사람들이지요. 이런 과정을 겪는 동안 그들은 어떤 가르침을 받게 됩니다. 그런데 그 가르침에서 기쁨을 발견하고는 그것을 남들한테 전해주고 싶어 하지요. 그래서 "이는 내 제자고 저는 그의 제자다"라는 분별심이 생겨나는 겁니다. 이 분별심은 남을 통제하려는 욕심에서 나옵니다. 마침내 파(派)가 만들어지고 그들 사이에 다툼이 벌어집니다. 파(派)마다 다른 파를 통제하려드니까 경쟁과 분쟁이 일어나는 것은 당연한 일이지요.

염불을 통하여 해방을 얻는 것과 분쟁에 휘말리는 것 사이에 도대체 무슨 상관이 있단 말입니까? 그런데도 쇼오토쿠 태자(聖德太子)께서 「17조 헌법」 첫째 조목(條目)에 밝히신 대로 "대다수 사람들이 파를 짓고, 참된 길에 이르는 자 매우 드뭅니다." 이것이 인간 세상의 현실입니다. 순수한 종교가 이른바 '신흥종교'로 전락되는 까닭이 바로 여기 있지요.

무엇이 "이는 나의 제자고 저는 그의 제자다" 하고 말하는 사람들 사이에 분쟁을 일으키고 있는 것일까요? 그들이 지니고 있는 교리(敎理, doctrine)의 차이입니다. 그것이 분파를 일으키는 거지요. 다른 교리가 만들어지지 않았다면 사람들이 논쟁도 하지 않았을 테니까요.

교리란, 스스로 선생 자리에 앉으려는 자들한테는 반드시 필요한 물건입니다. 그런데 그런 자들이야말로, 염불을 통하여 해방을 경험하는 근본적 종교 체험에서 얼마나 먼 거리에 있는 자들입니까! 종교를 통하여 완전한 해방을 경험하는 보편적 종교체험에서 얼마나 거리가 먼 자들입니까!

교리 따위를 옹호하는 일에 반대함으로써, 신란(親鸞)은 참된 종교체험이 어떤 것인지를 밝히 드러냅니다. 그는 또한 분파의 문제, 다른 분파를 통제하려는 마음 자세의 문제를 암시적으로 다루고 있습니다. 신란은 분파를 교리를 또는 남을 통제하는 힘 따위를 철두철미 부정(否定)합니다. 말 그대로 전적(全的)인 부정(否定)이지요.

<나, 신란에게는 제자가 한 명도 없습니다>

신란(親鸞)은 자신이 크나 큰 업인(業因)을 지고 살아가는 [어리

석은 범부(凡夫)일 따름이라고 말합니다. 그 비천한 범부(凡夫)가 [일체 중생을 제도하겠다는] 아미타 부처님의 대자대비하신 서원(誓願)을 만남으로써 해방을 경험한 것이지요. 그것이 신란의 근본적 종교체험이었습니다. 그는 이 생생하고 체험적인 생명관(生命觀)을 평생 붙들고 살았습니다. 언제나 자기 인생의 현실을 정면으로 대하였고 자기 인생의 피흐르는 단면(斷面)을 지켜보며 살았지요.

신란은 같은 경험을 「탄니쇼」 후기(後記)에 이렇게 적고 있습니다. "아미타 부처님께서 오겁(五劫)에 걸친 명상 끝에 세우신 서원(誓願)을 곰곰 생각해보면 그것이 신란 이 한 사람을 위한 것임을 알겠습니다. 이토록 큰 업인(業因)을 지고 살아가는 몸을 해방시키려 세우신 고마운 서원(誓願)이시여!"

신란은 해방된 '유일한' 사람입니다. 그가 어떻게 남을 가르치는 선생 자리에 스스로 앉을 수 있겠습니까? 어떻게 그의 '교리'가 만들어질 수 있겠어요? 어떻게 그의 '파(派)'나 다른 파를 통제하는 힘 따위가 생겨날 수 있겠습니까? 같은 후기에서 그는 또 이렇게 말합니다. "나는 무엇이 선(善)인지 무엇이 악(惡)인지, 전혀 모릅니다." 선악이 무엇인지 모르는 그가 어떻게 자기 파를 단속할 수 있었겠어요? 어떻게 자기 파의 토대가 될 '교리'를 만들어 세울 수 있었겠습니까?

신란은 언제나 남들 앞에서 자신의 개인적이고 주관적인 해방 경험을 고백했습니다. 그것은 그의 인생에 있어서 가장 우선적이고 중요한 일이었지요. 그에게는 교리도 파(派)도 없었어요. 그는 나 자신, 신란, 홀로'의 자리를 한결같이 지켰습니다.

「교행신증(敎行信證)」을 신란의 교리서(敎理書)로 여기는 사람들이 간혹 있습니다만, 그가 그 책을 쓴 목적은 그것을 써서 본인 자신이 선인(先人)들의 가르침을 지키려는 데 있었던 것입니다. 「교행신증」의 원제목은 「석가모니의 제자 신란이 골라서 적은, 정토(淨土)의 진리를 드러내 보여주는 가르침과 실천과 성취에 관련된 구절들」입니다. 이 제목은, 신란이 선인(先人)들의 글을 수집해 놓았다는 사실을 보여줍니다. 또한, 90퍼센트 이상이 인용문으로 되어 있는 이상한 책이 어떻게 탄생되었는지를 설명해주고 있지요. 이 책을, 신란이 남을 가르치기 위해 만든 교리서로 보는 사람은 책의 본질을 완전히 잘못 알고 있는 것입니다.

<하기는 나의 재량(裁量)으로 누군가에게 염불을 시킬 수 있었다면야 그를 내 제자라고 할 수 있겠지요.>

신란(親鸞)은, 어떤 사람으로 하여금 염불(念佛)을 하게 만들 수 있는 능력이 자기한테는 없다고 말합니다. 그가 그렇게 말하는 이유는, '염불'이란 아미타 부처님과 인간 각자 사이에서 일 대 일로 이루어지는 절대적 대면(對面, confrontation)이기 때문입니다. 그 누구도 둘 사이에 끼어들 수 없습니다.

신란은 아미타 부처님 앞에 홀로 서서 절대 해방을 경험했습니다. 그리고 그것을 당신 글에서 있는 그대로 고백했습니다. 그의 고백이 다른 사람으로 하여금 '염불'을 하게 했는지 안했는지, 그것은 신란이 상관할 바가 아니었어요. 그래서 그는 말했지요. "이상(以上)이 저처럼 어리석은 자의 생각입니다. 이렇게 말씀드린 바에야, '염불'을 택하여 스스로 그것을 믿으시든가 아니면 거절하시든가, 그것은 여러분 각자가 결정하실 일입니다"(제2장). 남들이 신란의 고백을 듣고 그의 해방 체험에서 배운 바 있어 아미타 부처님 앞에 얼굴을 마주하여 서느냐 서지 않느냐는, 그들 각자의 배경과 처지에 달려 있는 것입니다. 세상에 (아미타와 제자 사이를 신란이 중개하는) 아미타-신란-제자의 관계는 있을 수 없습니다. 자기가 학생임을 망각한 신란이 부처님과 자기 제자를 서로 마주보게 하는 중간 자리에 스스로 앉았다면 그런 관계가 성립되었겠습니다만, 자신을 가장 비천한 인간으로, 계속해서 배우지 않으면 안 되는 학생으로, 생각했던 신란이 그런 짓을 했을 리 만무합니다.

제자들 대신 신란은 함께 배우는 동학(同學), 함께 실천하는 동붕(同朋)을 곁에 두었습니다. 그에게는, 염불을 통하여 경험되는 참 믿음의 기쁨을 함께 나누는 벗들이 있었지요.

'염불(念佛)'은 절대(絕對)입니다. 염불 곧 법(法, Dharma)이지요. 그러기에 신란은, 다른 사람을 해방시키는 수단으로 '염불'을 사용할 수 없었습니다. 만일 그것을 수단으로 사용할 수 있었다면 그것은 절대가 될 수 없고 따라서 그를 구원하는 힘을 지닐 수도 없었겠지요. 그가 '염불'을 사용하지 않았기 때문에, '염불'은 절대한 것이고 절대한 힘을 지닙니다. 염불이 절대한 것이기 때문에, 그는 제자를 한 명도 둘 수 없노라고 말했던 것입니다.

<그러나 아미타 부처님에 의하여 염불을 하게 된 사람을 내 제자라고 한다면, 말이 안 됩니다>

그러면, 어떻게 해서 사람들은 염불을 하게 되는 것일까요? 그가 마침내 염불을 입에 올리게 되는 것은 아미타 부처님께서 이 세상에 있는 모든 수단을 동원하여 그로 하여금 그렇게 하도록 하시기 때문입니다. 염불은 절대 법(Dharma)이요 절대 힘입니다. 그래서 세상 자체가 되어 그에게 힘을 발휘하는 것입니다.

염불이 절대한 것이기 때문에, 아미타 부처님께서 이 세상 모든 수단을 동원하여 한 인간으로 하여금 염불을 하게 하시기 때문에, 중간 사이에 아무도 두지 않고 직접 아미타와 관계를 맺는 가운데 염불을 하게 됩니다.

신란이 고백을 했고 누군가 그 고백을 듣는다는 사실 자체가, 마침내 그 누군가로 하여금 염불을 하게 이끈 무한한 인연(因緣)의 그 물코들 가운데 하나인 것입니다. 그러나 그런 것들은 무한하고 절대한 전체 안에 흡수되어 사라지고 말지요. 본디 유한한 것들이기에 무한자(無限者) 앞에서 하찮게 되고 마는 겁니다.

과연 어떤 사람이, 자기가 남한테 해준 무슨 일을 근거로 하여, "내가 그로 하여금 염불을 하게 했으니 그는 내 제자다"라고 주장할 수 있는 걸까요? 터무니없는 소리입니다. 그런 주장은 착각, 시건방

짐, 뻔뻔스러움에다가 자기 – 성찰의 부족을 보여주고 있는 거예요.

염불은 아미타 부처님과 한 인간 사이에 이루어지는 직접 관계입니다. 그것은 신란이 당신의 삶 속에서 홀로 경험한 것입니다. 그래서 그는 앞에 인용한 바 있는 말을 했던 거지요. "아미타 부처님께서 오겁(五劫)에 걸친 명상 끝에 세우신 서원(誓願)을 곰곰 생각해 보면 그것이 신란 이 한 사람을 위한 것임을 알겠습니다." 여기에는, 아미타와 신란 둘 사이에, 아무도 끼어들지 못하는, 직접 관계만 있습니다. 그렇다면, 신란(親鸞)에게 있어서 호오넨(法然)은 무엇입니까? 정토진종(淨土眞宗)의 일곱 분 승조(承祖)들은 모두 무엇입니까? 신란에게는, 그들 모두가 아미타 부처님을 대신(代身)하는 존재였지요. 그는 그들을 인간 존재(a human being)로 보지 않았어요. 그는 한 분 밖에 없는 부처님, 아미타에게 당신 몸을 온통 내어 맡기셨습니다. 그는 자신의 영적 안내자들을 우상으로 만들지 않았으며 그들에게 비끄러 매이지 않았습니다.

<사람들이 만나는 것은 만나게 되어 있는 업연(業緣) 때문입니다. 사람들이 헤어지는 것도 헤어지게 되어 있는 업연 때문이지요. 그러므로, 어떤 사람이 한 선생을 떠나 다른 선생 문하(門下)에서 염불을 한다고 하여 그가 정토(淨土)에 왕생(往生)할 수 없다고 말해서는 안 되는 것입니다>

이 세계는 온전히 업연(業緣)으로 이루어진 세계입니다. 저 스스로 굴러가는 세계지요. 사람들한테는 알려지지 않은, 자신의 법을

지니고 있습니다. 이 세계는 저 자신의 원인으로 말미암아 돌아가고 있는 거예요. 그것을 스피노자[1632-77, 화란 철학자]는 '자기 - 원인(causa sui)'이라고 불렀습니다. 우리는 그것들을 조건 지워진 발생(conditioned arising) 또는 의존된 기원(dependent origination)이라고 말할 수 있겠지요. 이 세계를 형성하고 있는 시공간적(時空間的) 요소들이 무한한 까닭에, 우리 머리로는 업연(業緣)의 실체가 파악되지 않는 것입니다.

사람들을 서로 만나게 하는 업연(業緣)은, 돌아가는 세계의 한 국면(局面)입니다. 사람들을 헤어지게 하는 업연도 마찬가지지요. 그러기에 만나고 헤어지는 것이 모두 알 수 없는 업연(業緣)으로 말미암아 그렇게 되는 겁니다.

그런즉, 어떤 사람이 한 선생을 떠나 다른 선생 밑에서 염불을 한다고 하여 그가 정토에 태어날 수 없다고 말한다면 그것은 이 세계의 법을 전적으로 무시하는 발언입니다. 모든 것이 아미타 부처님[절대자]의 손 안에 있습니다. 아미타 부처님은 모든 생명 있는 것들[有情]을 해방시키는 수단으로 세계 전체를 사용하고 계십니다. 우리는 그분 마음속에 무엇이 있는지 알 수 없어요. 하물며 어떻게 우리가 "그렇게 하면 정토(淨土)에 들지 못 한다"고 말할 수 있겠습니까? 그래서 신란이, "그렇게 말해서는 안 된다"고 하신 겁니다. 그분 말씀은, 사람들한테는 그렇게 말할 아무 터무니가 없다는 거지요.

저는 이 세계가 업연으로 이루어지는 세계라고 말씀드렸습니다.

이 말씀은, 업연(業緣) 그 자체일 따름인 아미타 부처님이 사람들을 움직이신다는 뜻입니다. 업연의 끝없는 사슬에 걸려 있는 하나의 유한한 고리에 지나지 않는 인간이 어떻게 사람들을 해방시키는 아미타의 길에 대하여 이렇다 저렇다 판단하거나 결론 내릴 수 있겠습니까?

<그렇게 말하는 사람들은 지금, 여래(如來)께서 주신 신심(信心)을 자기네가 준 것인 양 도로 가져갈 수 있다고 말하는 것일까요? 말이 안 되는 소리올시다.>

참된 신심[信心, 또는 理解]은 아미타 여래(如來)가 우리에게 직접 주시는 것입니다. 그것은 여래에 의하여 우리에게 옮겨집니다[轉移]. 참된 신심[또는 이해]은 진리를 아는 것입니다. 진리 자체가 우리를 부릅니다. 진리가 우리로 하여금 진리를 직관(直觀)케 하고 인식(認識)하게 합니다.

여래(如來) 곧 진리입니다. 불가(佛家)에서는 '진리'와 '인간의 깨달음'이 동의어(同意語)인 까닭에, 그것이 절대 타자(他者) 여래[진리를 깨달은 사람]로 상징화 될 수 있지요. 바로 그 여래가 우리로 하여금 진리를 깨달아 알게 하는 것입니다.

진리는 우리의 주관(subjectivity)을 넘어섭니다. 우리의 자아(自我)를 넘어섭니다. 그것은 우리의 주관(主觀)을 산산조각 내는 객관적 진리―절대 타자―입니다. 앞에서 말씀드린 대로 우리는 그것을,

남을 해방시키는 수단으로 사용할 수 없습니다. 우리가 만일 그것을 사용할 수 있다면 그것은 절대한 진리가 아닌 것입니다.

신란은 말합니다. "(그들은) 여래께서 주신 신심(信心)을 자기네가 준 것인 양 도로 가져갈 수 있다고 말하는 것일까요?" 여기서 신란은 사람들에게, 과연 당신들이 남에게 진리에 대한 깨달음(또는 참된 신심)을 줄 수 있으며 그것을 언제든지 자기 물건인양 도로 가져갈 수 있느냐고 묻고 있는 거예요. 참된 신심과 참된 신심에서 오는 염불(念佛)은, 우리의 주관과 좋아하고 싫어하는 변덕스런 마음에 따라 있다가 없다가 하는 그런 상대적인 것이 아닙니다.

그래서 신란은 "말이 안 되는 소리"라고 합니다. 그런 말을 하는 사람들에게, "무엇을 생각하고 있는 거냐? 무슨 오해를 하고 있는 거냐?"하고 도전하는 거지요. 그러나, "당신들이 그래서는[스스로 할 수 있다고 생각하는 바를 해서는] 안 된다"고는 말하지 않습니다. 그렇게 말한다면, 그들이 원한다면 그렇게 할 수 있음을 인정하는 것이니까요. 여기서 그는 사람들에게, 그와 같은 일은 처음부터 불가능하다는 사실을 깨달으라고 말해주는 것입니다.

<어떤 사람이 자연(自然)의 이치(理致)에 조화를 이루어 산다면, 그는 한량없는 부처님의 자비와 선생님의 자비에 깊이 감사하게 될 것입니다.>

"어떤 사람이 자연의 이치에 조화를 이루어 산다면." 이 말의 뜻은 "어떤 사람이 무아(無我)로서 자연의 이치를 따른다면"입니다. 이

말에는, 지금 신란이 비판하고 있는 사람들이 자연스럽지 못하다는 의미가 암시되어 있습니다. 그들은 왜 자연스럽지 못한 것일까요? 그것은, 학생이어야 할 사람이 선생으로 처신(處身)하고 있기 때문입니다. 아미타 부처님에 의하여 해방된 것을 기뻐하며 무릎 꿇고 있어야 할 사람이 높은 자리에 앉아 남을 가르치려 하고 있기 때문입니다.

그러므로, "자연의 이치에 조화를 이루어 산다"는 것은 무릎 꿇는 사람이 된다는 뜻입니다. 그것은 아미타 부처님이 베푸시는 해방의 절대성(absoluteness)을 공경하는 것 또는 그 절대 진리에 무아(無我)로서 따르는 것을 의미합니다. 또한, '나 신란에게는 제자가 한 명도 없다'는 한 마디 말 속에 표현된 근본적 종교체험에 한결같이 머물러 있음을 뜻합니다.

그래서, 사람은 지금 여기에서 해방의 기쁨을 계속 경험하게 되는 거지요. 우리의 해방, 곧 아미타의 대자대비와 우리의 만남은 영원히 새롭습니다. 그것은 지금 이 순간에 이루어지고 있으며 그래서 언제나 살아있고 언제나 새롭습니다. 새로 시작하는 사람의 천진스런 마음만이 그것을 경험할 수 있습니다. 그래서 지아미[1364~1443, 노오劇의 師父]는 말했지요. "처음 시작하는 사람의 마음을 잊지 말라." 그것이 바로 근본적인 종교 체험인 것입니다.

'자연의 이치'는 삶의 이치입니다. 그것은 삶의 참 본성(本性)입니다. 삶입니다. 실재하는 모든 것의 참 본성이요 또는 참 이치입니다. 무엇보다도, 진리 자체입니다.

그러기에, "(자연의 이치에) 조화를 이룸"은 (진리를) 깨달아 앎입니다. 다른 말로 하면, 절대타자(絕對他者)에 대한 인식이 우리를 여기 이렇게 존재토록 한다는 말입니다. 이 앎이 곧 우리의 해방입니다. 여기서 우리는, 우리에게 아무것도 요구하지 않으면서, 일방(一方)으로 우리를 구원해주는 힘에 대하여 공경하는 마음을 품게 되지요. 그래서, "부처님의 자비에 깊이 감사하게" 되는 것입니다. 아울러 우리를 부처님의 해방으로 이끌어 준 선생님의 인간적인 힘(personal power)도 공경하게 됩니다. 그래서 신란은, "한량없는 선생님의 자비에 깊이 감사하게 될 것"이라고 말하고 있는 것입니다.

"한량없는 자비에 대하여 감사하는 마음으로" 사는 것이 곧 자연스런 삶의 길입니다. 자아를 초월한 절대 타력(他力)에 온전히 자신을 내어맡긴 사람의 생활-양식(살아가는 방법)이지요. 우리의 삶에 관하여 알아야 할 진리란, 우리가 자아를 초월한 절대 타력(他力)에 의하여 살아가게끔 만들어졌다는 것입니다. 해방을 몸소 경험할 때, 인간은 이 진리를 절로 깨달아 알게 되지요.

요컨대, "한량없는 부처님의 자비와 선생님의 자비에 깊이 감사하는" 마음은 곧 무릎을 꿇는 마음입니다. 이 무릎 꿇는 마음을 자성(自性, naturalness)이라고 하지요. 어떤 사람이 스스로 선생되어 누구를 가르치려고 할 때, 거기에는 진리가 없습니다. 오히려 그가 학생으로 되어 선생 자리를 버릴 때에 비로소 자연스런 선생-학생 관계는 이루어지게 됩니다. 이 관계는 교리(敎理)나 가르치려는 마음 따위에 바탕을 두고 이루어지는 것이 아닙니다. 어느 파(派)를 통제하려는 욕망에 바탕을 둔 것은 더욱이나 아니지요. 그것은 다만 참되게 살고자 하는 인간의 소망에 바탕을 둔 것입니다.

예배(禮拜)

　최근에 한 종교철학자의 책을 읽었습니다. 읽고 나니 입맛이 아주 고약하더군요. 그 책은 저 자신을 살펴보게도 했지요. 그래서 이렇게 그 책에 대한 저의 소감(所感)을 적어 보기로 했습니다.
　얼마 전에 저는 하야시다 시게오 씨의 책 「탄니쇼(歎異抄)가 신란(親鸞)을 더럽힌다」를 읽었습니다. 그 책을 읽은 뒷맛도 영 고약했지요. 저는 하야시다 씨가 자기야말로 신란을 더럽히지 않은 유일하게 결점이 없는 사람이라고 생각한다는 느낌을 받았습니다. 제 뒷맛이 썼던 또 다른 이유는 하야시다 씨의 책 「인간 신란」에 대한 아케가라수 하야 스님의 말씀이 생각났기 때문이었습니다. 그 책이 나왔을 때 아케가라수 스님은 이렇게 말씀하셨지요. "나는 인간 신란에 대해서는 할 말이 없다. 「신란 성인(聖人)한테 배우기」 또는 「신란 성인을 공경하기」 아니면 「신란 성인을 찬양함」 뭐 이런 제목으로 된 책이 아니라면 읽을 가치가 없다고 생각한다. 그래서 나는 읽지 않겠다."

제가 최근에 읽은 종교철학서 또한 신란(親鸞)에 대한 비판을 담고 있었어요. 신란을 비판할 수 있을 만한 저자라면, 제 생각에, 아주 굉장한 사람이 틀림없겠습니다만, 그러나 저로서는 무엇이 그의 비판 근거였는지 모르겠더군요. 신란을 비판할 수 있겠는지 저 자신에게 물어봤어요. 제가 그를 비판한다는 것은 어림도 없는 일이라는 사실을 알게 됐습니다. 니시다 키타로오 박사님에게도 같은 말을 할 수 있을 것입니다. 니시다 박사님은 당신 논문에서 신란에 대하여 큰 존경심을 가지고 언급하십니다. 그분은 신란 앞에 무릎을 꿇고 계십니다. 이와 같은 깊은 존경심을 품고 당신의 「논문집 제7권」을 쓰셨던 것입니다.

저는, 제가 읽은 그 종교철학서가 신란을 비판하고 있더라는 말씀을 드렸습니다. 사람이 사람을 비판하는 것이 나쁘다고는 생각하지 않습니다. 비판하는 사람이 비판당하는 사람을 완전히 이해한다면 그 비판은 옳겠지요. 마찬가지로, 만일 어떤 사람이 종교의 본질을 완전히 이해한다면 그 사람은 어떤 종교인을 비판할 수 있을 것입니다.

그렇다면, 무엇이 종교의 본질입니까? 이 질문에 답하기 위하여, 바수반두(Vasubandhu) 보살[A.D. 300~400년경]이 정(定)하신 '깨어있음(mindfulness)에 들어가는 다섯 문(門)'을 인용해 보겠습니다. 그분이 가르치신 다섯 문[五門]이란, ①예배, ②찬양, ③서원(誓願), ④명상, ⑤회향(回向)입니다. 이 다섯 문 가운데 첫 번째 문이 예배라는 점을 주목하십시오. 만일 어떤 사람이 예배할 줄도 모르면서 종교에 대하여 무슨 말을 한다면 그는 지금 '종교'에 대하여 말하고 있는 게 아닌 것입니다. 종교철학을 다룬 책의 저자는 기독교든 불교든 그 앞에 머리를 조아리고 있지 않습니다. 그에게서는 예배하는 모습을 전혀 찾아볼 수 없는 것입니다. 예배하지 않으면서 종교에 대하여 말하는 것은 집 안에 들어가 보지 않고 집의 내부구조를 말하는 것과 같습니다. 그렇게 해서는 절대로 종교에 접(接)할 수 없습니다. 종교에 접하기는 매우 간단한 일입니다. 그 앞에 고개를 숙이는 거예요. 어떤 사람이 그 문에 들어가지 않고서 다만 종교에 관하여 토론을 한다면 그 사람은 실제로 종교에 접하지 않고서 종교를 논하고 있는 것입니다.

불가(佛家)에서는 코끼리를 만져본 맹인들 이야기가 있습니다. 한 맹인이 코끼리 배를 만져보고 말합니다. "코끼리는 벽처럼 생겼다." 꼬리를 만져본 다른 맹인이 말합니다. "코끼리는 굵은 밧줄처럼 생겼다." 다리를 만져본 맹인, 코를 만져본 맹인, 어금니를 만져본 맹인이 저마다 다르게 말하지요. 비록 느낌이 저마다 다르고 결론이 우스꽝스럽기는 합니다만 그래도 그들은 코끼리를 만져는 보았습니다. 그런데 제가 읽은 책의 저자께서는 종교라는 코끼리를 만져보지도 않고 대담무쌍하게 시방 그것을 논하고 있는 것입니다. 그러니 그의 모습이 맹인들보다 더 우습게 됐지요. 저로서는 또 다른 우화 한 토막을 생각해보지 않을 수 없군요.

눈먼 사람이 하나 있었다. 하루는 코끼리를 기둥에 묶어놓은 장소에 이르러, 코끼리가 어떻게 생겼는지 알아보려고 기둥을 만져보았다. 그리고 말했다. "코끼리는 나무 기둥처럼 생겼다." 그러고 나서 그는 코끼리에 관하여 장황한 토론을 시작하였다.

"자기(自己)를 배운다"

"부처의 길[佛道]을 배우는 것은 자기(自己, the self)를 배우는 것이다."
(道元)

'부처의 길[佛道]'은 끊임없이 이상(理想)을 추구하는 행위를 가리킵니다. 그것은 이상론적(理想論的) 행위입니다. 우리는 그것을 '구도(求道)'라고 부를 수 있을 것입니다.

부처의 길[the Buddha's path]은 고정된 길이 아닙니다. 끊임없이 이어지는 행위이기에 역동적입니다. 그래서 미야자와 겐지(1896-1933, 동화작가, 시인)는 이렇게 말했습니다. "길을 찾는 것이 길이다."

길이라고 하면 그 길을 먼저 밟은 이들이 있게 마련입니다. '길[道]'이라는 말은 그냥 거기 길이 있다는 사실을 막연히 가리키는 게 아니라 사람들이 그리로 간 길이 있음을 가리킵니다. 사람들을 떠나서는 길이 없습니다. 좀 더 자세히 말하면, 앞서서 길을 간 사람들이 곧 길입니다. 그들을 떠나서는 「부처의 길」이란 없습니다. 그래서 도오겐 선사(道元禪師)께서는 "불조(佛祖)의 생활양식(life-style)"이라는 말을 자주 쓰셨지요.

아이가 어떻게 자라는지 살펴보십시오. 부모와 형을 모방하지 않고서는 자라지를 못합니다. 인류의 역사에도 같은 말을 할 수 있습니다. 먼저 살고 간 이들이 없다면 인류의 사회생활은 불가능합니다. 배움이란 선배들이 자기네 이상(理想)을 추구한 방식과 생활양식을 모방한 것입니다.

예를 들어, 미술학도들을 보십시오. 그들은 그림을 모작(模作)하는데 많은 시간을 보냅니다. 바쇼오(芭蕉, 1644-94, 하이쿠 시인)는 이렇게 말했습니다. "먼저 틀 속에 들어갔다가 거기서 나오라." 틀 속에 들어가는 것이 바로 모방입니다. 료칸(1758-1831, 서예가, 禪僧)은 중국의 여러 서체(書體)를 충분히 베껴 써 본 뒤에 자신의 독특한 글씨를 발전시켰습니다. 괴테는 「파우스트」를 쓰기 전에 단테와 셰익스피어한테서 많은 것을 배웠습니다. 선배들한테 배우는 것 없이 새것을 창조할 수 있다고 떠들어대는 사람은 어리석은 사람입니다. 모방이야말로 창조의 불가피한 바탕입니다.

도오겐[道元]은, 선배들 앞에 무릎 꿇는 마음으로, 자신을 무(無)로 돌리는 그런 마음으로, "배운다(studing)"는 말을 입에 올렸습니다. 그는 기쁨과 감사의 눈물을 흘리면서 외쳤습니다.

"마침내, 천동산(天童山)에서 여정선사(如淨禪師)를 만났을 때, 내 생애 가장 중요한 일이, 나의 구도행(求道行)이, 끝나버렸다!"

같은 내용을 신란(親鸞)은 이렇게 말합니다.

"내 비록 호오넨 성인(法然聖人)한테 속아서 염불을 했다가 지옥에 떨어진다 해도, 나는 후회하지 않을 것입니다."

도오겐의 "부처의 길[佛道]을 배운다"는 말은 스승을 향한 깊은 감동에서 나온 것입니다.

아케가라수 스님이 어렸을 때 부모님은 어린 아들을 키타카타 신센에게 보내어 글씨를 공부하게 했습니다. 키타카타 신센은 그들 집안의 친척인데 당시 카나자와에서 가장 위대한 서예가들 가운데 하나였습니다. 그가 어린 아케가라수에게 말했습니다. "너에게 글씨 본(本)을 써 주는 것은 어려운 일이 아니다. 그러나, 그렇게 하지 않겠다. 너는 네 글씨를 배워야 한다." 그래서 아케가라수 스님은 이른바 글씨 공부를 정규(定規)로 하지 않으셨습니다. 그때 들려주신 스승의 말씀 한 마디 속에는 배움의 비밀을 풀어주는 열쇠가 들어 있었던 것입니다.

선배들의 생활양식(life-style)을 배우는 마당에서 우리는 이렇게 물어야 합니다. "그들은 무엇을 불도(佛道)로 수행(修行)했는가? 어디서 그들은 이상(理想)을 추구했는가?" 그들은 오직 자기 자신 안에서 이상(理想)을 추구했습니다. 그들은 자아(自我) 속으로 깊이 더 깊이 들어갔습니다. 한 마디로, 그들은 참 자애[眞我]를 추구했습니다. 우리의 모든 선배들이 그들의 생활로 이 사실을 보여주고 있습니다.

선배들의 생활양식을 배우는 일은 우리 자신 안에서 참 자애[眞我]를 찾아내는 일을 의미합니다. 선배들을 공부하는 일이 갑자기 자기(自己)를 공부하는 일로 바뀝니다. 여기서부터는 자기를 위한 참된 모델이 자기 자신이 됩니다. 한 선배로부터 배우려고 할 때, 그를 붙잡는 우리의 손이 바로 그 선배에 의하여 잘려집니다. 선배 자신에 의하여 선배로부터 절연(絕緣)되는 것입니다. 그가 우리에게 소리 지릅니다. "홀로 서라!"

전형적인 사무라이[武士] 이야기에 이런 것이 있습니다. 젊은이 하나가 검술(劍術)을 배우고자 스승의 집 문을 두드립니다. 그런데 스승은 그에게 칼 쓰는 법을 가르쳐 주지 않습니다. 목검(木劍)을 잡게 하는 대신 장작패기, 물 긷기, 청소하기 따위 허드렛일만 시킵니다. 그렇게 3년 세월이 흐릅니다. 이런 이야기는 젊은이가 스승에게 어떻게 내밀쳐졌는지를 말해주고 있습니다.

참 선생은 학생의 손을 잡아 이끌어주지 않습니다. 오히려 그를 밀쳐냅니다. 그리고 학생에게 소리를 지릅니다. "홀로 서라!" 그가 배워야 하는 것은 자기(自己)입니다. 학생이 자신 앞에 무릎을 꿇을 때 자기-배움은 끝납니다.

간단히 말해서, 참된 선배는 자기 자신입니다. 참된 안내자는 나 자신입니다. 그러기에 부처의 길[佛道]을 배우는 것은 결국 독립(獨

立)과 자유(自由)의 길을 배우는 것입니다. 그것은 자기 자신을 배우는 것입니다. 다른 아무것도 아닙니다. 부처의 길에서 우리가 얻는 마지막 메시지는 "너 자신을 경배하라" 는 것입니다. 부처의 길은 우리를 독립과 자기-존경으로 이끄는 길입니다. 자신을 경멸하는 사람은 이 길을 이해 못합니다.

사람들은 흔히 자기-경멸을 겸손으로 혼동합니다. 자기를 존경하지 않는 것은 자신을 과소평가함으로써 자신에 대하여 성급한 결론을 내리는 일종의 오만입니다. 그것은 겸손의 정반대입니다. 진정으로 자신을 존경하는 사람은 자기 앞에 무릎을 꿇습니다. 이것이야말로 지극한 겸손과 무아(無我)의 행위입니다.

"자기를 배운다(studying the self)" 는 말로 선사(禪師)들은 자신을 스승으로 모시고 그 앞에 무릎 꿇는 가장 겸손한 길을 설명합니다.

여기서, '부처' 라는 말이 '참 자아[眞我]' 라는 사실이 분명해집니다. 우리는 어디서 부처를 찾아야 하는 걸까요? 많은 사람이, 부처가 자기를 초월하여 외부에 있는 줄 알고 자기 밖에서 그를 찾습니다. 그러나 그런 부처는 허깨비입니다. 그들은 지금 유령을 쫓고 있는 것입니다. 가짜 종교들에서 절대자(the absolute one)로 불리는 존재가 정확하게 그런 유령입니다. 그것은 상상(想像)의 산물(産物)입니다. 진짜로 있는 존재가 아닙니다.

'부처' 는 우리가 보통 '나' 라고 말하는 자아(自我)가 아닙니다. 그것은 보통 자아를 초월해 있는 참 자아[眞我]입니다. 그는 보통 자아가 우리 안에서 초월 될 때 발견됩니다. 니시다 박사님의 말을 빌면, 그것은 "내적 초월(internal transcendence)"의 자아(自我)입니다. 이 자아(自我)만이 참으로 존재합니다. 그것은 상상의 산물이 아닙니다.

이 참 자아[眞我] 또는 내적 초월의 자아와 보통 자아 사이의 관계를 이해하기 쉽게 하려고 진종불교(眞宗佛敎)에서는 '부모' 또는 '어머니'라는 단어를 씁니다. 도오겐(道元)은, "자비로우신 아버지인 위대한 스승 부처님"이라는 표현을 사용합니다. 이런 표현은 '부처'가 우리 밖에 있는 어떤 존재가 아님을 보여주려고 사용된 것입니다.

"자기를 배운다"는 말은 자기 앞에 무릎 꿇는 자기의 모습을 아름답게 그려 보이고 있습니다. 참으로 배우는 자는 자기를 가르치는 존재 앞에 무릎을 꿇어야 합니다. 여기서 [배우는] 자기는 [가르치는] 참 자아[眞我]에 의하여 무(無)로 됩니다. 더 이상 자아의 미세한 찌꺼기도 발견되지 않습니다. "자기를 배운다"는 말 속에 이 배움의 과정이 잘 드러나 있습니다. 참 자아[眞我] 앞에서 자기(自己)가 완전히 없어진 뒤에 사람은 본연(本然)의 자기로, 참 자아[眞我]로, 서게 되는 것입니다. 풀어서 말하면 가장 겸손한 사람만이 홀로 서는 사람이 될 수 있음을 보여주고 있습니다.

어떤 사람이 남에게는 고개를 숙일 수 있지만 자기한테는 그럴 수 없다고 말한다면, 그는 거짓말을 하고 있는 것입니다. 자기한테 고개를 숙일 수 없으면서 어찌 남에게는 그럴 수 있단 말입니까?

자기한테 고개를 숙이는 것과 존재하는 모든 것에 고개를 숙이는 것은 하나요 같은 행위입니다. 그래서 나는 지금, 자기를 배우는 것이 가장 겸손한 일이라고 말씀드리는 것입니다.

자기를 배우는 중(中)에 독립의 길 또는 자유의 길이 열립니다.

'나' 가 없는 사람만이 이 세상의 모든 생명을 자기 생명으로 여길 수 있습니다. 그만이 아무도 그를 대적 못하는 세상에서 살 수 있습니다.

"자기를 배운다" 는 말은, 불가사의한 방법으로 참 자아[眞我]를 실현하는 옹근 독립과 자유의 '삶' 을 묘사할 뿐 아니라 '나' 가 조금도 남아 있지 않는 위대한 겸손을 보여주고 있습니다.

그러므로 우리는, 자기를 배우는 것만이 부처의 길[佛道]을 배운다는 게 무엇인지 완벽하게 그리고 곧바로 설명해준다고 말하지 않을 수 없습니다.

부처의 길을 배우는 분명한 자기-깨달음(self-awakening)의 길을 뜻합니다. 불교(佛敎)가 다른 가짜 종교들로부터 분별될 수 있음은 그것이 자기-깨달음의 길이기 때문입니다. 가짜 종교들은 자기-깨달음과 내성(內省)에 초점을 모으지 않습니다.

자유(自由)를 배우라!

자유(自由)는 인생의 마지막 목표(the ultimate goal)입니다. 그보다 더한 목표가 있을 수 없습니다. 사람의 존엄성은 자유에 있습니다. 우리는 구원을 추구하는 사람들에 대하여 말합니다. 그런데, 자유보다 더 큰 구원이 있을까요?

그러나 그 자유가 자기(自己, the self)를 긍정하는 것에 바탕을 둔 자유일 수는 없습니다. 사람이 자기를 긍정하면, 그 자기(自己)에 늘 얽매이기 때문에 자유로울 수 없는 것입니다. 자유는 무(無)의 자유, 무아(無我)의 자유여야 합니다. 다른 말로 하면, 자유는 다만 무릎을 꿇는 자에게만 있습니다. 사람이 자기-부정(self-nagation)을 경험할 때에 비로소 [자유의 바탕인] 자기-깨어남(self-awakening)을 얻기 때문입니다.

그러면, 무엇이 자기-부정입니까? 흔히 쓰는 말로 하면, 겸허해지는 것입니다. 자기를 주장하지 않고 남의 말을 듣는 거지요.

레닌은 말했습니다. "한 걸음 나가고 두 걸음 물러서라!" 한 걸음 나간다는 말은 질문을 하는 것 또는 다른 사람 마음 문을 두드리는 것을 의미하지요. 다른 사람이 말을 시작할 때 우리는 뒤로 물러나 조용히 귀 기울여 들어야 합니다. 이렇게 귀담아 듣는 것이 두 걸음 물러서는 것입니다. 나아가 우리는 귀로 들은 것에 대하여 생각해야 합니다. 거듭 거듭 자신에게 같은 것을 물어야 하는 거예요.

　물러서는 두 걸음 가운데 한 걸음은 남의 말을 잘 듣는 것이요 다른 한 걸음은 들은 바에 대하여 생각하는 것입니다. 이렇게 듣고 또 생각해야 하기 때문에 두 걸음 물러선다고 말합니다.

　거꾸로, 우리는 한 걸음 앞으로 나가기 위하여 두 걸음 뒤로 물러서야 합니다. 두 걸음 물러서는 것은 잘 배우는 것을 뜻합니다. 잘 배움으로써 우리는 창조적으로 한 걸음 나갈 수 있습니다. 잘 배우지 않고서는, 두 걸음 뒤로 물러서지 않고서는, 한 걸음 앞으로 나갈 수 없습니다. 앞으로 나가는 것만 생각하면 넘어지고 쓰러질 것입니다. 창조적으로 탄탄하게 앞으로 나갈 수 없게 되지요.

　두 걸음 뒤로 물러서는 것은 선인(先人)들의 말씀을 배우는 것입니다. 도오겐(道元) 선사(禪師)는 이렇게 말했지요. "사람은 자신의 뒤를 조명(照明)하는 회귀(回歸)를 배워야 한다." 자기-깨어남을 경험하는 사람은 배우는 자세를 잃지 않습니다. 귀 기울여 듣고 그 들은 바에 대하여 자세히 생각하는 것이야말로 사람으로 하여금 아무 노력 없이, 한 걸음 나갈 수 있게 하는 유일한 행위입니다. 새로운 것을 생각해내는 일보다 잘 배우는 일에 더 무게를 두어야 합니다.

창조(創造)는 배움[學]에서 절로 나오는 것입니다.

　참된 사유(思惟, thinking)는 들음(hearing)에 그 바탕을 둡니다. 예를 들어, 플라톤은 소크라테스의 말을 들었고 아리스토텔레스는 플라톤의 말을 들었습니다. 듣는 일 없이 생각을 한다면 그 생각은 추상적인 사념(思念)에 지나지 못하여 돌고 또 돌지만 아무데도 이르지 못합니다. 인간의 참 정신은 시공간적인 역사의 장(場) 안에서만 존재합니다. 석가모니가 고대 인도의 사상 특히 베다와 우파니사드에 귀 기울이지 않았더라면 그의 독특한 종교 사상을 낳을 수 없었을 것입니다. 유대인 선조(先祖)들이 구약성경을 통해 물려준 사상에 귀 기울이지 않았다면 예수님인들 어찌 당신의 독특한 가르침을 만들어 낼 수 있었겠습니까? 간추려 말하면, 인간의 자기-깨어남은 그 자체가 역사적 사건(a his-torical matter)인 것입니다.
　따라서 선인(先人)들의 말에 귀를 기울일 때 그는 지금 역사의 장(場) 안에서 생각을 하고 있는 거예요. 말[言語]이 없이는 생각을 할 수 없습니다. 한 종족의 유산이면서 전통문화를 실어 나르는-말[言語]은 우리가 남한테서 얻는 것입니다. 남한테서 '말'을 얻고서야 비로소 생각할 수 있다는 사실은 우리의 생각이 항상 역사적인 것임을 보여줍니다. 우리는 말에 의하여 생각을 하게 됩니다. 우리 속에서 단어들이 작용을 하는데 그것을 '생각'이라고 부르는 거지요. 우리는 생각하게끔 만들어진 그만큼 밖에는 생각을 못합니다. 이것이 정신세계의 엄정한 틀입니다. 말에 의하여 생각하도록 만들어지는 것을 우리는 배움[學]이라고 부르지요.

  석가모니는 고대 인도 문화에 의하여, 베다와 우파니사드에 의하여, 생각을 할 수 있게 되었습니다. 예수는 구약성경의 유대 사상에 의하여 생각할 수 있게 되었지요. 그리스도교 신학자들 말을 들어보면, 예수님은 설교를 하시면서 자주 구약 성경의 용어를 사용하셨더군요. 전통문화에 귀 기울이고 그리하여 역사의 장(場)에서 생각할 수 있게 되는 것을 우리는 '배움'이라고 부릅니다.

  우리는 석가모니나 예수 같은 분들에 대하여 마땅히 생각해보아야 합니다. 그런 스승들을 깊이 숭배하고 사랑하게 되지 않고서는 자기-깨어남을 경험 못합니다. 그러지 않고서는 인간의 정신세계가 이루어질 수 없습니다.

  그러면, 우리는 무엇을 생각하고 숭배해야 하는 걸까요? 오직 하나가 있을 뿐입니다. 선인(先人)들이 누렸던 자유(自由), 바로 그것이지요. 인간의 정신세계란 곧 자유의 세계를 의미하기 때문입니다. 우리는 선인(先人)들이 어떻게 자유로 나아갔는지, 그 길에 대하여 진지하게 듣고 생각해야 합니다. 물론, 참된 자유는 사유(思惟)의 영역 너머에 있지요. 그러나 참된 자유로 우리를 이끌어 가는 것은 사유(思惟)라는 오솔길입니다. 우리는 그 길을 철두철미 따라가야 합니다. 그리고 잘 들어야 합니다. 듣는 것은 곧 생각하는 것이지요. 자유로 가는 길은 사유(思惟)입니다. 그러나 생각의 길에 붙잡혀 있으면 자유를 누리지 못합니다. 우리가 자유를 얻을 때에는 생각이 버려져 있어야 해요. 생각을 모두 고갈시키고 그것을 넘어설 때 비로소 우리는 자유를 누리는 것입니다.

자유에 이르고자 하는 사람이 생각하는 것을 겁내면 안 됩니다. 예컨대, 석가모니는 보리수나무 아래 앉아 있을 때 마음에 여러 가지 생각이 일었고 그것을 피하지 않았습니다. 그는 나무 아래 앉아 명상에 들기 전 숲에서 6년 동안 고행(苦行)을 계속했는데 그때 생각을 깊게 했지요. 그리고 마침내 붓다 가야의 보리수 아래에서 6년간 온몸으로 계속해온 사유(思惟)를 끝냈던 것입니다. 그는 생각에서 해방되었습니다. 비록 생각에서 해방되었다 하지만 그래도 그를 자유로 이끌어 준 길은 다름 아닌 사유(思惟) 바로 그것이었지요.

듣고 생각하는 일 없이 갑작스레 자유를 직관(直觀)할 수는 없는 일입니다. 인간의 정신세계는 역사의 장(場)에서만 존재합니다. 우리는 다만 역사의 장 안에서 순수한 자기-깨어남을 경험할 수 있는 것입니다. 그러기에 듣고 생각하는 일에 있는 힘을 모두 쏟아야 합니다. 우리는 생각이 바닥났을 때에만 직관(直觀)의 문이 열린다는 사실을 알아야 합니다.

신란(親鸞)은 「교행신증(敎行信證)」에서 당신의 생각을 모두 고갈시켰지요. 그 책이 사유(思惟)가 낳은 산물임을 누가 부인할 수 있겠습니까? 도오겐(道元) 선사(禪師)께서도 「정법안장(正法眼藏)」에서 같은 일을 하셨습니다. 생각하는 것을 겁내어 회피하는 사람은 자유에 이를 수 없어요. 듣기를 거절했기 때문입니다. 생각이라는 오솔길을 착실히 걷지 않고서는 자유를 누릴 수 없는 것입니다.

'인간의 정신' 또는 '인간의 정신세계'라는 말을 할 때 저는 자유(自由)라는 관념을 그 중심에 둡니다. 저로서는 자유의 중요성 또는 자유의 실현을 강조하지 않을 수 없어요. 우리가 전통을 철저히 공부해야 한다고 말했습니다만, 그 말은 오직 한 가지, 자유에 우리의 관심을 집중해야 한다는 뜻이었습니다. 우리는 어떤 사람에 대하여 말할 때 그가 과연 자유를 누리고 있는지 그것을 물어보아야 합니다. 만일 그가 자유를 누리고 있다면 그한테서 배워야 합니다. 자유로 가는 길에 대하여 배워야 한다는 말입니다. 분명한 초점이 없는 배움이라면 말할 건더기도 없겠지요.

예를 들어, 우리는 석가모니께서 과연 자유를 누리셨는지 물어보아야 합니다. 그 문제에 대하여 깊게 생각해야 합니다. 만일 그에게서 자유가 발견된다면 우리는 역사의 장(場)에서 생각을 끝까지 몰아가 그에 관한 모든 것을 배우지 않으면 안 됩니다.

우리의 직관(直觀)이 과연 그에게 자유가 있는지 없는지를 일러줄 것입니다. 신란은 왜 도오겐에게 갔던가요? 도오겐 선사는 여래(如來) 선사를 어떻게 만났습니까? 그들에게는 한 눈에 알아볼 수 있는 '자유'가 있었습니다.

신란은 히에이산(山)에 있을 때, 과연 산을 내려갈 것인지, 내려가면 누구 밑에서 공부를 할 것인지, 많은 고민을 했습니다. 록카쿠도관(館)에서 백일 명상을 마치고 마침내 누구한테 가서 공부할 것인지를 결정할 수 있었지요.

도오겐 선사는 송나라 넓은 땅을 두루 돌아다녔습니다. 누구를 스승으로 모시고 배울 것인지 찾아 헤매다가, 중국에는 그가 찾는 스승이 없다는 결론을 내리게 되었지요. 그래서 일본으로 돌아가려고 배를 기다리다가 우연히 한 수도승을 만났는데 그가 천동산(天童山) 여정선사(如淨禪師)를 만나보라고 권했던 것입니다.

그리하여 두 사람의 눈이 마침내 가장 뛰어난 두 분 스승을 알아보게 됐던 거예요. 사람이란 가장 깊은 중심에서 자유를 찾게끔 되어 있는 존재인지라, 자유를 찾아서 헤매지 않을 수 없는 것입니다. 그래서 선인(先人)들 가운데 과연 자유를 누린 사람이 있는지 물어보게 되는 거지요. "찾아라, 얻을 것이다. 두드려라, 열릴 것이다." 사람은 아무개에게 자유가 있는지 없는지를 한 눈에 알아 볼 수 있습니다. 그것을 직관(直觀)으로 알아볼 때, 인간 정신의 장(場)에서 역사적인 사유(思惟)를 끝까지 몰아가는 것입니다. 배움[學]에는 분명한 대상이 있는 법이예요. "배움을 끝장낸다(exhaust learning)"는 표현은 아무 흔적도 발견되지 않는 끝없는 벌판에서 홀로 버림받는 듯한 느낌을 줍니다. 그러나 그런 식으로 배우자는 건 아닙니다. 누구든지 진실하게 자유를 그리워하면 마침내 스승을 만나게 될 것입니다.

역사의 장(場)에서 배운다는 것 또는 사유(思惟)를 바닥낸다는 것은, 그 문하(門下)에 들어가서 공부할 선생을 찾아 돌아다니는 것과는 다릅니다. 그것은 한 사람이 마침내 한 선생을 만나는 것, 다시 말해서 그의 업연(業緣)에 따라서 결정된 하나의 사건을 의미합니다.

사람의 정신 영역에서 무엇보다도 중요한 문제는 그가 선생을 만나느냐 만나지 못하느냐, 바로 그것입니다. 그가 과연 참 사람을 만나느냐, 참 인격을 만나느냐, 그것이 요점입니다. 인간의 정신 영역에 있어서 계(系)는 매우 중요합니다. 그런 만남은 구체적인 현실 세계에서 이루어지지요. 추상적 관념의 세계에서 이루어지는 것이 아닙니다.

우리는 법(法, the Dharma)이 인간의 정신세계를 이 현실 세계 안에 실존케 한다는 사실을 알아야 합니다. 인간의 정신세계는 우리가 참 사람을 만날 때, 이 세상에서 우리와 함께 숨 쉬는 진짜 사람을 만날 때, 구체적 현실이 됩니다. 그리고 우리가 과연 그런 참사람을 만나서 자기- 깨어남을 경험하느냐 하지 못하느냐, 그것이 결정적 문제입니다. 진짜 더할 나위 없는 문제지요.

법(法, the Dharma)이 인간의 정신세계를 실존케 합니다. 그것은 머리로 추상하는 세계가 아닙니다. 이 세계의 구체적 현실에서 이루어지는, 피 흐르는 업연(業緣)의 세계지요. 바로 이 현장에서 우리는 참 인격, 참 자유인(自由人)을 만나는 것입니다.

참 사람을 만난 뒤에야 비로소 우리는 역사의 장(場) 안에서 생각을 끝낼 수 있습니다. 예컨대, 신란은 호오넨을 만나자 그렇게 하지 않을 수 없었지요. 도오겐도 여정(如淨)을 만났을 때 마찬가지였습니다. 두 사람은 몸과 마음을 다 쏟아 목숨 내놓고 공부 또 공부를 계속했습니다. 역사의 장(場)에서 생각을 끝까지 몰고 갔지요. 그리고 마침내 사람이 누릴 수 있는 가장 높은 자유의 경지에 올랐던 것입니다.

이들 자유로운 선생들은 자비(慈悲)의 화신(化身)이었지요. 그들은 우리네 삶의 영원히 소중한 가치인 자비행(慈悲行)을 친절하게 보여주었습니다. 우리는 그들에게서, 역사 현장을 진실하게 살아간 위대한 개인들에게서, 인간의 정신이라는 것이 어떤 것인지를 생생하게 볼 수 있습니다.

우리가 반드시 해야 하는 유일한 일은 배우는 것입니다. 끝없이, 영원히 배우는 거예요. 배움[學] 안에서 우리는 말 못할 즐거움을 경험합니다. 우리가 끝없이, 영원히 배워야 하는 이유가 여기 있어요. 그리고, 바로 이 '끝없음(limitlessness)'이 곧 법(the Dharma)입니다. 그것은 '법장보살(法藏菩薩)의 끝없는 배움'이지요. 세자재왕불(世自在王佛)께서는 법장(法藏)에게, 국자로 바닷물을 모두 퍼내리라 굳게 발심(發心)한 사람처럼, 끝없이 배우고 또 배우면 마침내 깨달음을 얻게 되리라고 가르치십니다. 이 가르침을 받고 법장은 끝없는 배움의 길에 들어서지요. 얼마나 즐거운 일입니까! 우리의 배움에 끝이 있다면 얼마나 비참한 일이겠어요? 배움의 끝은 곧 죽음입니다. 법(Dharma)에는 끝이 없습니다. 법장은 끝없는 배움 덕분에 그러니까 영원히 배우리라는 결심을 세우자마자, 무량수(無量壽)라는 이름의 부처(아미타유)가 됩니다. 자기는 끝없이 무지(無知)하기 때문에 끝없이 배우겠다고 결심할 때, 무량수(無量壽)라는 이름을 가진 부처가 태어난 것입니다.

 살아있는 인간의 사유(思惟) 또는 역사의 장(場)에서 이어지는 사유(思惟)에는 끝이 있을 수 없습니다. 실제로 살아있는 사유는 끊임없이 이어지는 배움의 모양을 갖추어야 합니다. 죽지 않는 삶이란 끝없이 찾는 삶입니다. "잡았다"고 말하는 순간 그는 죽습니다. 우리는 자신에게 이렇게 말해야 합니다. "오늘은 이것을 배웠다. 자, 내일은 무엇을 배우게 될까?" 그러고는 내일 배울 것을 즐겁게 기대하면서 잠자리에 드는 거예요. 그러지 않고서는 우리의 삶 속에서 영생(永生)이 실현될 수 없습니다. 지금 여기서 알 수 없는 미래를 직면하며 최선을 다해 배우고 또 배우는 삶, 우리에게 이보다 더 위대한 인생(人生)이 무엇이겠습니까?

 사실 우리는 아는 것이 없습니다. 지금 여기 이렇게 있지만 끝없이 이어질 미래에 대하여 아무 것도 모릅니다. 우리는 한없이 무지(無知)합니다. 우리가 배우고자 하는 이유는 모르기 때문입니다. 우리는 영원한 삶[永生]의 새롭고 무한하고 창조적인 발생(發生)을 보면서 불가사의(不可思議)한-우리의 무지(無知) 때문에 알 수 없는 -현재의 삶을 살고 있습니다. 어느 누구도, 그가 사람인 이상, 이런 식으로 밖에는 실존할 수 없는 것입니다.

 "한없는 빛[無量光]이신 여래(如來)께 절합니다." 이 말은 알지 못할 미래가 지금 여기에서 순간순간 끝없이 전개되고 있음을 의미합니다. 그것은 또한 이 끝도 없고 알 수도 없는 전개(developement)

앞에 무릎을 꿇음으로써 내가 살고 있음을, 좀 더 정확하게 말하여, 살려지고 있음을 의미합니다. 지금 여기서 나의 삶은 영원한 법(法), 영원한 생명과 하나로 됩니다. 그것에 흡수 통일되는 거지요. 자신의 무지를 알고 있기 때문에 법(法, the Dharma)의 한없는 전개에 전존재(全存在)를 내맡깁니다. 이것이 저의 삶입니다. 법(法)에 흡수 통일된 저의 삶입니다.

배움'과 '무지(無知)'는 동의어지요. 저의 무지 때문에 모든 것이 새롭고 신선합니다. 인생은 순간순간 새로운 것입니다. 새롭고 창조적인 삶은 아무것도 모르는 사람에게만 주어집니다. 저에게는, 영생을 직면(直面)하는 것이 곧 아무것도 모르는 자로서 한없는 새로움을 접하는 것입니다. 영생(永生)을 직관(直觀)하는 길은 이 길밖에 없어요. 그것을 꿰뚫어 보기 위하여 반드시 갖추어야 하는 조건은, 지금 여기에서 저 자신이 아무것도 모르는 자여야 한다는 것입니다.

그러기에, 저의 인생에 있어서는 배우고 찾는 것이 유일하게 중요한 일입니다. 저는 끊임없이 놀랍고 모든 것이 신기합니다. 언제나 새롭고 신선한 삶이 있을 뿐입니다. 한 번도 보지 못했던 새롭고 희한한 삶의 국면(局面)을 끊임없이 만나는 거지요.

그와 같은 삶에서 기쁨을 맛본 사람은 그 기쁨을 잊지 못할 것입니다. 이렇게 끊임없이 이어지는 창조적 삶이 새로운 기쁨을 날마다 주기 때문에 그는 찾는 자(seeker)의 삶을 살아가지 않을 수 없는 것입니다.

그는 오직 배우는 사람으로 살아갑니다. 유식한 사람의 모든 것을 안다는 표정을 꾸미는 일, 또는 무슨 그럴듯한 결론을 내리는 일 따위에는 전혀 관심이 없습니다. 명확한 관념을 말하는(또는 듣는) 일에도 전혀 흥미가 없습니다. 그저 갓 태어난 아기처럼 현존하는 세계의 새롭고 끝없는 신기(神奇)를 즐길 따름입니다. 거기서 순간순간의 출생과 끝없이 새로운 인생을 경험하는 겁니다.

"낡은 사람은 죽고 새사람으로 거듭난다." 이 말이 그냥 그렇게 해보는 말로 그쳐서는 안 됩니다. 한 아기의 출생에서 발견되는 놀랍고 신기한 감동이 우리의 삶을 끊임없이 가득 채워야 합니다. 아무것도 모르는 무지(無知)한 사람이 됨으로써 그 순간 나는 죽습니다. 내가 아무것도 모르는 사람이 될 때에 비로소 순간순간 이어지는 새로운 법(法)의 발생(發生, develop-ment)이 나에게 드러납니다. 자신의 무지(無知) 속에서 죽는 자에게 주어지는 새로운 기쁨이란, 과연 얼마나 큰 것인지요!

그런즉, 법(法)의 새로운 전개와 기쁘게 하나로 될 때 나는 시방 법(法)을 살고 있는(living the Dharma) 것입니다. 배우는 자로서 살아가는 삶이야말로 법(法)을 살아가는 유일한 길입니다. 배움을 떠나서는 법(法)과 더불어 하나 되는 길이 없어요. 인간 정신의 가장 중요한 본질은 배움[學]입니다. 배움만이 우리를 이끌어 법으로 돌아가게 하기 때문입니다. 자유(自由)는 배움 안에서 경험됩니다. 참되게 배우는 사람은 자유인(自由人)입니다. 법(法, the Dharma)에 흡수 통일된 사람입니다.

회고(回顧)

1. 불교(佛敎) 전파(傳播)
1946년 1월, 내가 나가노에 있는 아케가라수 스님의 절[寺]을 떠나게 됐을 때, 스님은 이렇게 말씀하셨습니다.

"마이다 군(君). 불교를 전파하는 것은 양자강(江) 흙탕물에 물감[染料] 몇 방울 떨구는 것이라네."

2. 건방진 대가리
한번은 아케가라수 스님을 나가노에 있는 국립 결핵요양소에 모신 적이 있었습니다. 그곳 환자들에게 스님의 말씀을 들려주고 싶었지요. 강당 높은 위치에 강단이 마련되어 있더군요. 나는 [앞을 보지 못하는] 선생님을 이끌어드려야 했습니다. 강단 한 쪽 모서리에 원형 층계가 있었는데 다섯 계단인가 여섯 계단인가 되었습니다. 게다가 층계 위로는 경사진 벽이 벼랑의 바위처럼 기울어져 있는 것이었어요. 내가 먼저 계단을 올라가 선생님이 발을 헛딛지 않게 하려고 조심스레 손을 잡아드렸지요.

말씀을 마치고 강단에서 내려오실 때는 더욱 위험했습니다. 원형 층계의 계단들은 모두 삼각형이었어요. 앞 못 보는 사람이 계단 내려오는 것을 안내하는 일은 훨씬 더 어려웠습니다. 그래서 나는 선생님의 한 발 한 발에 온 신경을 집중해야 했습니다.

선생님이 한 발인가 두 발인가 계단을 내려왔을 때였어요. 그분 앞머리가 경사진 벽에 부딪혔습니다. 그러자 곧바로 이렇게 말씀하셨어요. "고맙네!" 선생님을 의자에 모셔드리고 나서, 송구스런 마음으로, 여쭈어 보았지요. "선생님, 왜 저에게 고맙다고 하셨습니까?"

그분이 대답하셨습니다. "마이다 군. 누가 자네만큼 친절할 수 있겠나? 내 [건방진] 대가리를 벽에다가 꽝 하고 부딪히게 하느라고 수고가 참 많았네."

3. 감상(鑑賞)

우리는 나가노의 이이다에 있는 겐쇼지[寺] 절에 이틀간 법회(法會)를 열고 아케가라수 스님을 모셨습니다.

선생님과 내가 응접실에 앉아 있는데 주지(住持)의 젊은 아내가 피아노를 치며 노래하는 소리가 들려왔어요. 그때 우리는 이런 대화를 나누었습니다.

"선생님, 저건 주지(住持)의 젊은 부인 목소립니다. 부인은 눈이 참 예쁘지요. 선생님이 그 눈을 볼 수 없어서 참 안됐습니다."

"그렇지만 마이다 군. 자네는 젊은 부인 손에 잡혀 안내받는 경험을 할 수 있는가?"

선생님의 거침없는 응수(應酬)였습니다.

4. 주고받기

내가 나가노에 오기 얼마 전이었어요. 이시카와 사범대학 시미즈 교오쇼 교장을 모시고 아케가라수 스님을 처음으로 방문했습니다. 그 학교 수석 교수였던 내가 시미즈 교장을 수행(隨行)했던 것입니다.

저녁 시간에 아케가라수 스님은 우리를 다실(茶室)로 안내하여 여러 가지 맛있는 음식을 대접하셨습니다. 킨하이라는 고급 사케[술]도 마련되어 있었어요. 나로서는 첫 방문이기도 해서 그런 상(床) 받기가 망설여졌습니다. 아케가라수 스님이 먹으라고 권하실 때, 나는 "아닙니다, 고맙습니다" 하고 대답했지요. 그러자 선생님이 말씀하셨어요.

"마이다 군. 남의 선물을 기쁘게 받을 줄 모르는 사람은 남한테 선물을 기쁘게 주지도 못한다네."

나는 곧 마음을 바꾸고 차려진 음식을 게걸스레 먹었습니다.

5. 금연(禁煙)

전쟁이 끝난 직후라서 아직 담배가 많이 부족할 때였는데 하루는 서재에 계신 아케가라수 스님을 찾아뵈었더니, "마이다 군. 자네 담배 태우나?" 하고 물으시더군요.

"예. 태웁니다."

그러자 그분은 서랍에서 럭키 스트라이크 담배를 한 갑 꺼내어 건네주시면서 "누가 이걸 주더군. 불 좀 붙여주겠나?" 하시는 것이었습니다. 한 개비 뽑아 불을 붙여 드리니까 선생님은 두어 모금 빨아 천천히 맛을 음미하시더군요. 그런 다음, 담배를 돌려주시며 이렇게 말씀하셨습니다.

"마이다 군. 이것이 내 금연(禁煙)이라네."

6. 선생님이 베푸신 해방

아케가라수 스님의 글 가운데 내 마음을 움직인 것들을 모아서「사자후(獅子吼)」라는 제목으로 작은 책 한 권을 펴냈지요. 어느 모임에서 선생님은 그 책을 발행한 데 대하여 이렇게 말씀하셨습니다.

"마이다 군은 참 몹쓸 장난꾼이야. 내가 감추고 싶은, 남들이 모르게 하고 싶은 것들만 용케 추려서 책을 만들었군."

이내 책에 대한 악평(惡評)이 들리더니 전혀 팔리지 않더군요. 대중(大衆) 앞에서 아케가라수 스님을 '생불(生佛)'로 선전하던 제자들이, 선생님의 너무나도 인간적인 모습들-속되고 짐승 같은-만 묘사된 글이 수집돼 있는 그 책을 감추어야 했습니다. 그러나 나는 그 책의 모든 단어와 문장이 선생님을 있는 그대로 순수하게 드러낸다고 믿었기에 그 글들이 조금도 당혹스럽지 않았습니다.

지금도 나는 그 책에서 아케가라수 스님이 나에게 베푸신 해방보다 더 순수한 아케가라수 스님의 해방은 있을 수 없다고 확신합니다.

7. 별난 짓거리

우리는 키타 야스다에 있는 묘오타츠지[寺] 절의 다실(茶室)에 앉아 있었어요. 아케가라수 스님이 마루방 중앙에 앉아 계셨고 우리 몇 사람이 그분을 에워싸고 있었습니다. 늦가을 저녁 나절이었지요.

그 무렵 지방신문은 마침 키나자와시(市)에 와 있던 초능력 차력사(借力士) 지코오손에 대하여 소란을 떨고 있었습니다. 지코오손의 지시를 받아 유명한 씨름(스모) 선수가 그의 머리를 밟고 서는 등, 그 비슷한 기사들이 보도되어 있었지요. 우리는 지코오손의 별난 짓거리를 조롱하며 웃었습니다.

그때, 선생님 입에서 말씀이 떨어졌지요.

"제군(諸君)도 다르지 않네. 자네들은 내 사진을 찍어다가 집으로 가져가서 벽에 붙여 놓지. 그리고 이 눈 먼 사람한테 글씨를 써달라고 하잖는가? 글씨를 받으면 아주 행복해지지. 자네들 하는 짓이 지코오손의 별난 짓거리하고 다를 바가 없네. 할 말 있는가?"

8. 음식 대접

아케가라수 스님과 함께 기차를 탔습니다. 선생님을 나가노에 초빙하여 이 모임에서 저 모임으로 모시고 다니는 중이었지요. 그때 선생님이 말씀하셨습니다.

"마이다 군. 자네도 강연 초청을 받을 때가 있겠지, 안 그런가? 그리고 끼니때가 되면 음식 대접도 받겠지. 그러나 만일 주인이 자네한테 마지못해서 음식을 대접한다는, 그러니까 자네가 마땅히 받을 자격이 없는데 대접하고 있다는 낌새가 느껴지거든, 음식에 입을 대지 말게나."

이어서 그분은 당신이 젊은 시절 코오코도 의숙(義塾)에 계실 때 겪은 일을 이야기 해주셨지요.

"한번은 투기업자(投機業者) 하나가 죄를 지어 감옥에 들어갔는데 거기서 내가 쓴 「탄니쇼(歎異抄) 강의」를 읽었던 모양일세. 형기를 마치고 나와서 내게 편지를 썼더군. 그 책에 깊은 감동을 받았고 그래서 구원을 얻었다고. 그러고는 감사를 표하고 싶다면서 아무 아무 날에 자기 집으로 나를 초대한다는 거였네. 갔더니 진수성찬이 차려져 있는데 모두 식당에서 주문해 온 것이었어. 나는 접시에 손도 대지 않고 주인에게 물었지. 당신은 부인이 안계십니까?'
그가 대답했네. '있습니다.'

그래서 말했지. '이 요리는 먹고 싶지 않습니다. 뭐든 좋으니 부인께서 만드신 것을 먹고 싶군요.'
그러자 그의 아내가 옆집에 가서 밥을 얻어다가 급히 먹을 것을 만들어주더군. 맛있게 먹었지."

9. 불청객(不請客)

아케가라수 스님이 세상에서 가장 즐거워하신 일이 무엇이었을까요? 그것은 법(法, Dharma)을 말씀하시는 것이었습니다. 그래서 언제든지 누가 강연을 청하면 거절하는 법이 없으셨습니다. 꽉 찬 일정의 틈바구니에 어떻게든 짬을 내어 약속을 하셨지요. 게다가 만약 공일(空日)이 생기면 초대받지도 않은 곳을 찾으셨습니다. 당신 친구들에게 이렇게 말씀하시는 겁니다. "내가 아무 날 아무 시(時)에 당신 있는 곳으로 가겠습니다. 사람들을 좀 모아놓고 기다려주시기 바랍니다." 이렇게 초대받지 않고 가는 것은 초대받아 가는 것과 달라 그쪽에서 준비를 미처 갖추지 못할 때가 있지요. 예를 들면, 아무도 선생님께 식사 대접을 할 수 없는 경우가 있는 겁니다. 그럴 때 선생님은 배가 고파도 온종일 아무 것도 먹지 않고 그냥 밥상을 기다렸습니다. 그러나 절대로 비서인 노모토 양에게 먹을 것을 사오라고 시키는 법이 없으셨지요.

선생님은 일 년에 한 번 오오하마의 사이호오지[寺]에 있는 키요자와 스님 묘(墓)에 참배하는 일을 거르신 적이 없었으므로 매년 한 차례씩은 오오하마에서 법회(法會)를 가지셨습니다. 그런데 오오하

마는 도오교 미카와라는 진종(眞宗) 후예들의 고장으로 알려진 곳이라 그곳 사람들은 선생님의 말씀을 별로 알아주지 않았습니다. 그래서 선생님이 그곳에 가는 것은 무관심의 안개 속으로 들어가는 것을 의미했지요. 거기서, 그분은 진짜 '불청객(不請客)'이었습니다. 지금 나는 선생님 가슴 깊은 곳에 작용하던 그 커다란 자비심을 생각하지 않을 수 없습니다. 겁이 많은 나는 일생에 단 한 번도 그와 같은 일을 시도해보지 못했습니다.

역시 나가노의 기차 안에서 그분이 내게 해주신 말씀입니다.

"마이다군. 자네가 여기 저기 강연에 불려 다닐 때 사람들은 자네를 환영하겠지. 그러나 자네를 눈곱만치 반기지 않는 곳에도 자네는 가야 하네."

10. 가리지 않고

아케가라수 스님은 내가 이해 못할 행동을 많이 하셨습니다. 이런 일이 있었지요.

한 때 아케가라수 스님은 간청을 뿌리치지 못하여 히가시 혼간지[寺]의 총무가 되셨습니다. 일 년만 하겠다는 조건으로 그 직책을 맡으셨던 것입니다.

처음 그분이 총무로 되셨다는 얘기를 듣고 정치승(政治僧)들에게 돌아갈 자리를 왜 맡으셨는지 이해할 수가 없었습니다. 그러나 일단 직책을 맡으신 뒤로 몸을 사리지 않고 열(熱)과 성(誠)을 다 쏟아 일하시는 것을 보고는 나의 회의(懷疑)가 터무니없는 것이었음을 깨닫게 되었지요. 또한, 위대한 자비행(慈悲行)은 거기가 전쟁터든 감옥이든 아니면 지옥 한 복판이든 가리지 않고 모든 곳에서 실천되는 것임을 깨달았습니다.

앞에서 나는 오오하마의 법회(法會) 이야기를 했지요. 거기서 그분이 만났던 것은 철저한 냉대(冷待)였습니다. 선생님은 가끔 신흥종교의 초청도 기쁘게 받아들이곤 하셨습니다. 그러니 만일 그분이 [당신의 절과도 관련이 있는] 히가시 혼간지[寺]의 청촉(請囑)을 거절하셨다면 도리어 그것이 이상한 일이었겠지요. 나의 좁은 마음이 그것을 이해할 수 없었던 것입니다.

11. "내 물이 말라버렸네!"

한번은 아케가라수 스님을 나가노시(市) 근교 산마을 시가라미로 모신 적이 있었지요. 그 마을 어느 집안에서 자기네 제사(祭祀)에 참석하여 한 말씀 해주시기를 간청했던 것입니다. 그런데 도착해보니 친척과 이웃이 모두 모이는 제사(祭祀)인지라 토끼를 몇 마리 잡아 잔치 음식을 마련한다는 것이었습니다. 그것은 네 발 가진 짐승 고기는 절대로 입에 대지 않겠다고 선언한 선생님으로서 너무나도 놀라운 소식이었지요.

저녁 시간에 선생님은 사람들이 모두 모인 방에서 법어(法語)를 시작하셨습니다. 선생님 비서인 노모토 양과 나는 옆방에서 쉬고 있었어요. 그런데 말씀을 시작하신 지 10분쯤 되었을까? 갑자기 옆방에서 선생님 목소리가 크게 들렸습니다. '마이다 군. 내 물이 말라버렸네[말이 입에서 나오지 않는다네]! 자네가 와서 내 이야기를 마쳐주지 않겠나?"

나는 급히 옷을 갈아입고 옆방으로 가서 선생님 자리를 대신했어요. 30분쯤 두서없이 뭐라고 횡설수설 지껄였나 봅니다. 말없이 곁에서 듣고 계시던 선생님이, "이제 내가 말하지" 하시더니 활기 있게 당신 말씀을 계속하시는 것이었습니다.

12. 축음기 콘서트

묘오타츠지[寺] 절에서 법회(法會)가 열렸을 때 일입니다.

묘오타츠지[寺] 절에는 낡은 전축(電蓄)이 한 대 있었습니다. 또 닳아빠진 베토벤 교향곡 제5번 음반도 한 장 있었지요. 어느 날 오후 시간, 법회에 참석한 모든 사람이 그 음반을 들어보기로 했습니다.

그런데 막상 음반을 틀자 거의 음악 소리를 들을 수 없었어요. 우둔하게 찍찍거리는 소리가 끊임없이 우리의 귀청을 긁어댔습니다. 게다가 크고 덩그렇게 비어 있는 절간 중앙 강당이 축음기로 음악을 감상하는 데는 도무지 맞지 않는 장소였지요.

잔뜩 기대를 걸고 모였던 사람들이 하나 둘 방을 빠져 나갔고 마침내 방 안에는 두 사람만 남았습니다. 하나는 축음기를 맡아 간수하는 사람이었고 다른 하나는 아케가라수 스님이었어요. 그런데 스님은 혼자서 그 반쯤 부서져나간 축음기 소리를 너무나도 주의 깊게 듣고 계셨습니다.

나는 밖에서 그 장면을 바라보며 속으로 중얼거렸어요. "이 무슨 재난이란 말인가! 축음기와 음반 상태를 미리 점검했어야 하는 건데."

그러나 선생님은, 닳아빠진 음반 속에 숨어 있는 베토벤의 마음(heart)을 들어보려고, 무진 애를 쓰고 계셨습니다. 교향곡이 다 끝날 때까지 그분은 같은 태도로 귀를 기울이셨지요. 날마다 인간의 마음 바닥에 깔려있는 미묘한 움직임을 이해하려고 애쓰시던 자세가 낡은 축음기 소리에 귀 기울이는 모습에서 그대로 드러나 보였습니다. 고맙게도 선생님의 그런 태도로 인하여 그분은 내 마음(heart)을 다 들으셨던 것입니다. 방에서 나간 다른 사람들과 그분을 견주어 보면서 나는 생각하지 않을 수 없었습니다. '오, 바로 여기에 여래(如來, Tathāgata)께서 계시는구나!'

나는 제 귀(listening)의 결함보다 축음기와 음반의 결함을 탓한 자신의 경솔함을 뼈저리게 깨달았습니다. 선생님은 그 더운 여름날 오후, 텅 빈 강당에 홀로 앉아 계셨습니다. 나는 혼자 서성거리며 멀리서 선생님을 내내 지켜보았습니다. 이런 식으로 선생님과 나 사이에 비밀스런 영적(spiritual) 통화(通話)가 있었답니다.

13. 가지껏[2] 인생(人生)
나는 아케가라수 스님이 당신의 인생을 가지껏 사신 데 대하여

---

[2] 가지껏 —있는 힘을 다해서, 모든 가능성을 다 동원해서, 라는 뜻을 지닌 충청도 사투리. the utmost limit.

진심으로 존경합니다. 그분은 매일같이 강연을 하러 여행을 계속하셨습니다. 그분을 수행(隨行)한 노모토 양은 다음날 강연을 위하여 조금 쉬시기를 바랐습니다. 그의 속생각을 아시고 선생님이 말씀하셨지요. "노모토 양, 그런 생각을 하다니요?"

이것이 선생님의 살아가신 방식입니다. 그날의 힘은 모두 그날에 써버리려고 하셨지요. 결코 내일을 위해서 힘을 남겨 두려고 하지 않으셨습니다. 그분은 매일 늦게까지 일하셨어요. 이튿날 잠이 깨면 일어나셨고 잠에서 깨어나지 않으면 일어나지 않으셨지요. 내일은 내일에 맡기셨습니다.

어느 날은 밤기차로 토야마현(縣) 타카오카시(市)에 도착하시자 날이 밝았습니다. 쇼오안지[寺] 절의 중앙 강당이 모여든 남녀 불자(佛者)들로 가득 차 있었어요. 잠시도 쉬지 못하고 선생님은 강단에 앉으셨습니다. 정확히 말하자면, 강단에 마련된 의자에 앉으셨지요. 그런데, 말씀과 말씀의 간격이 차츰 멀어지더니 이윽고 더 이상 나오지 않는 것이었습니다. 선생님은 의자에 앉은 채 주무시고 계셨지요. 전날 밤 늦게까지 토오쿄의 여러 장소에서 강연을 하시고는 쉴 사이도 없이 밤기차로 타카오카에 도착하셨던 것입니다.

비서인 노모토 양이 주무시는 선생님을 한동안 바라보다가 깨어나실 것 같지 않은지라, 이렇게 말씀드렸어요. "선생님, 방에 들어가서 좀 쉬시고 이따가 오후에 강연을 하시지요."

선생님은 "음, 그러지" 하시고는 얌전히 비서를 따라 응접실로 들어가셨습니다. 더운 물에 목욕을 하신 다음 오전 내내 달게 주무셨지요. 점심 식사 후, 선생님은 당신을 기다리고 있던 사람들에게 활기찬 목소리로 말씀을 시작하셨습니다.

그 일이 있은 지 얼마 되지 않아서, 그날 거기에 있던 한 사람이 자기가 받은 감명(感銘)을 나에게 말했습니다. "나는 선생님한테서 생불(生佛)을 보았습니다. 그분께 향하여 합장(合掌)을 하지 않을 수 없더군요."

내 생각으로는, 생불(生佛)이란 자기 인생을 가지껏 살아가는 사람입니다.

비슷한 이야기가 또 있지요. 선생님은 매년 여름 한 주간씩 법회(法會)를 열기로 정(定)하셨습니다. 법회는 늘 8월 15일에 시작됐지요. 나는 언제나 14일 밤 선생님 계신 절에 도착했습니다. 보통 15일 아침에 강연을 시작하셨지만 어떨 때는 14일 밤부터 일정을 잡기도 하셨지요. 그분은 마지막 순간까지 일하고 말씀하고, 하셨습니다. 결코 다음날을 위하여 힘을 남겨두지 않으셨어요. 일주일 법회의 첫날은 일 년 중 가장 중요한 사건이 있는 날입니다. 미처 피로를 풀 새도 없이 그분은 15일 아침으로 뛰어드셨지요. 이 경우에도 나는 당신의 인생을 가지껏 살아가시는 선생님을 보았습니다.

수년 전(前), 불면증에 시달리는 사람 하나가 가끔 나를 찾아왔어요. 학교 선생이었습니다. 그가 나에게 말했지요. "오늘 밤 푹 자지 않으면 내일이 어려워집니다. 그래서 잠을 자려고 무척 노력하지요. 그러나 잠을 자려고 애를 쓸수록 더 잠들기 힘든 겁니다."

내일 일에 대한 걱정이 보통 불면증의 원인인 듯합니다. 잠 못 자는 사람의 생애는, 자기에게 가장 중요한 일이 그날의 힘은 그날에 다 써버리는 것이라는 생각에 바탕을 두지 않은 것입니다. 그의 삶은 든든한 바탕이 없어서 이리저리 흔들립니다. 그는 스스로 이렇게 말할 줄 모릅니다. "내 모든 힘을 오늘 써버리겠다. 힘이 바닥나면 그때 잠자리로 가는 거다! 내일도 그렇게 할 것이다. 내 인생을 가지껏 살면서 모든 힘을 남김없이 써버리겠다!"

만일 어떤 사람이 내일을 위하여 힘을 남겨 둔다면, 내 눈에, 그의 인생은 너무나도 미적지근한 것으로 보입니다. 그런 사람은 자기가 내일 살아 있으리라고 생각하는 거지요.

14. 유연(柔軟)한 마음

8월 15일에서 21일까지 나는 나가노에서 온 일행 30명과 함께 이시카와현(縣)의 아케가라수 스님 절[寺]에서 모인 연례(年例) 법회에 참석했습니다. 거기서 선생님은 신란(親鸞)을 강의하셨지요.

그때 나는 강단에서 말씀하시는 선생님의 자세를 보고서 또 한 번 깊은 감명(感銘)을 받았습니다. 그분은 아무 사전(事前) 준비 없이 완전한 빈손[空手]으로 강단에 서십니다. 거기 강단에서 온몸과 마음으로 신란(親鸞)에게 배우시는 겁니다. 그렇게 배우는 과정에서 말이 나오고, 청중(聽衆)인 우리는 그 말씀을 듣는 거지요. 사람들에게 무엇을 가르칠까 미리 생각하는 일 없이, 그분은 아주 자연스럽게, '영원한 오늘'의 강단에서, 당신 마음속에 분출(噴出)하는 것들을 그대로 토(吐)하십니다. 그러니 우리로서는, 무엇으로도 어디에도 고착되지 않는 영원한 생명(eternal life) 그것의 화신(化身)으로 그분을 보지 않을 수 없는 것입니다.

아케가라수 스님이 강단에서 보여주시는 행위가 그게 말로는 쉽지만 그대로 하기는 쉽지 않은 일입니다. 선생님은 당신 스승이신 키요자와 스님의 "평생토록 죽어도 설교하지 말라"는 훈계를 그대로 실천하고 계시는 것입니다. 만일 누가 미리 준비한 생각을 말하고 있다면 그의 말은 '설교'가 되고 맙니다. 이미 고착돼 있기 때문이지요. 그러나 만일 누가 말하면서 동시에 배운다면 그의 말은, 그 유동성(流動性, fluidity) 때문에, 순수하게 생명으로 가득 차 있는 것입니다.

여래(如來, Tathāgata) 앞에 빈손으로 서기. 그것은 결코 쉬운 일이 아닙니다. 아무 사전 준비 없이 우리에게 일어나는 모든 것을 맞이하기. 그것은 우리가 유연한 마음(flexible mind)을 지니지 않고서는 이룰 수 없는 일입니다.

아케가라수 스님이 강단에서 말씀하고 계실 때 내가 본 분은 여래(如來)셨습니다. 얼마나 존귀(尊貴)하시던지요!

15. "그것을 맛보니 어떠하든가?"

어느 해 하안거(夏安居) 중이었지요. 아케가라수 스님이 나에게「정법안장(正法眼藏)의 이런저런 영향들」이라는 제목으로 일 주일 연속 강의를 하라고 하셨습니다. 첫 번째 강의 시간에 나는「정법안장

(正法眼藏)」의 한 본문을 택했습니다. 아직 한 번도 그 본문을 읽어보지 못한 청중(聽衆)이 그것을 이해 못하겠지 싶어서, 우선 본문의 뜻을 해설하기 시작했지요. 그런데 얼마쯤 내 말을 들으시던 아케가라수 스님이 이렇게 말씀하셨습니다. "나는 정법안장(正法眼藏)에 대한 군(君)의 해설을 듣고 싶지 않네. 그것을 맛보니 어떠하던가? 그걸 말해보시게!"

'해설(explanation)'은, 듣는 이의 이지력(理智力)을 신뢰하고 그 이성(理性)을 납득시키고자 말하는 것을 의미합니다. 그러나 선생님은 대중(大衆)의 이지력(理智力)을 신뢰하지 않으셨습니다. 그분은 당신의 이성(理性)도 신뢰하지 않으셨지요. 그분의 한결같은 자세는, 청중(聽衆)의 이성(理性)에 어필할 수 있는 능력을 당신한테서 도무지 찾아 볼 수 없다는 것이었습니다. 그래서 그분과 대화를 나누는 사람은 이성(理性)이 통하지 않는 세계(sphere)에서 말을 주고받아야 했습니다. 선생님의 말씀은 언제나 틀림없이 그러했어요. 따라서 그분 말씀은 절대 수다스럽지 않았고 단순하면서 시원시원했습니다.

반면에 나의 직업은 사범학교에서 앞으로 선생이 될 학생들을 가르치는 것이었습니다. 그래서 아케가라수 스님은 자주 나에게 말씀하셨지요. "자네는 선생학교의 선생이지! 그래서 그렇게 말이 많구면." 맛을 보니 어떠했는지 그걸 말해보라는 선생님 말씀에는, 이성(理性)의 힘이 통하지 않는 세계에서, 그러니까 이성(理性)의 작용이 신뢰받지 못하는 세계에서 말하라는 뜻이 들어 있었던 것입니다.

나는 선생님 말투를 빌어다가, "그대 느낌을 말하라"고 하겠습니다. 느낌은 사유(思惟)의 소산(所産)이 아닙니다. 그것은 즉각적 지각(知覺) 또는 직관(直觀)입니다. 이성(理性)의 능력을 신뢰하지 않는 사람이 경험하는 어떤 것입니다. 그래서 나는 생각이 많은 사람에게, 선생님을 흉내 내어, 이렇게 말합니다. "당신의 이성(理性)에서 나오는 것은 모두 당신이 자신의 능력을 의존한 결과인 것입니다. 그런 것은 듣고 싶지 않군요. 당신 느낌을 말해주십시오!"

이나바 성(省)의 젠자는 질문자가 말을 미처 마치기도 전에 대답을 했습니다. 질문자가 "제발 생각을 좀 하시고 나서 말씀해주십시오" 하면 젠자는 이렇게 대꾸했지요.

"여래(如來, Tathāgata)께서 내 입으로 말씀하신다네. 나도 자네와 함께 그 말씀을 듣고 있는 걸세."

젠자의 이 말은, 자기 능력에 대한 의존(依存)이 철저하게 없어진 사람의 모습을 보여줍니다.

그러니, 만일 어떤 사람이 질문을 받았을 때 곧장 대답하지 않고 한참 궁리한 뒤에 대답한다면 그 대답은 자기 능력에 대한 의존에서 나온 것이기 때문에 신뢰할 가치가 없는 것입니다. 그가 자신의 작은 두뇌에서 짜낸 것이므로 잘못된 대답이 아닐 수 없다는, 그런 말씀이올시다.

고마운 마음으로…
―한글로 옮겨 베낀 자의 말―

   일본어로 어떻게 쓰는지도 모르는 마이다 슈이치를 영문(英文)으로 만난 것은, 그의 말대로, 李某의 업연(業緣)이리라. 과연 李 아무개는 그의 신세를 톡톡히 졌다. 그를 통하여, 늘 곁에 계시면서 일깨워주시는 스승 예수를 만나게 된 것이다. 마이다 선생은 李 아무개가 자기 스승이신 예수를 새롭게 만나는 데 큰 도움을 주었다. 그가 따로 의도한 바는 아니었겠지만 결과가 그리 되었다. 마이다 선생도 이를 매우 기뻐할 것이다.

   李 아무개는 새롭게 만난 스승의 가르침과 이끄심에 감사하면서 심중(心中)의 희열을 사람들과 나누어 싶어, 눈이 충혈 되고 어깨가 쑤시는 것을 무릅쓰고 이 책을 만들어 세상에 내놓는다.

   우연히 이 책을 읽게 된 이들 가운데, 참된 스승을 만나 인생의 최고 행복을 누리는 이가 하나라도 생긴다면 고마운 일이겠다.

   세상은 아름답고 착하다. 오래 살려고 애쓸 것 없다.

戊寅年 五月
半島 남쪽에서
李 아무개